LE PROBLÈME CORSE
Nouvelle édition
NICOLAS GIUDICI

LES ESSENTIELS MILAN

Sommaire

Les mots suivis d'un astérisque (*) sont expliqués dans le glossaire.

GRA/ 1382/02-03

Une « méditerranéité » refoulée

La Corse passionne, intrigue, irrite ou désespère, mais laisse rarement indifférent.

Le caractère indéchiffrable et peut-être insurmontable des difficultés qui l'affectent repose sur la criminalité suscitée par les sociétés de clans. Un rapprochement s'impose avec la violence endémique de l'Italie du Sud que ponctuent des attentats épisodiques contre les représentants de l'État (assassinat du juge Falcone, du préfet Érignac). Cette instabilité diffuse facilite aussi les ambiguïtés, permettant à de hauts responsables publics de s'abandonner à des « dérives » (telle la mise en cause d'un préfet dans l'organisation d'attentats à Ajaccio, ou les liens privilégiés en Sicile entre un président du Conseil et des clans mafieux).

Malgré ces parentés, la « méditerranéité » de la Corse est refoulée dans l'inconscient collectif. Pratiquant un jeu savant d'ombre et de lumière, l'*omerta** présente la clandestinité comme la « résistance » de la « vraie » justice, et non comme l'actualisation du banditisme et des vendettas*. Brandie devant les caméras, l'emblématique cagoule se veut un symbole de pureté révolutionnaire. Dépassant l'aspect médiatique qui joue souvent en trompe l'œil, cet ouvrage propose les éclairages essentiels – historique, économique, social, culturel – du tissu sociologique de l'île de Beauté. Ainsi recadrée, la crise corse apparaît, sinon dénouable, du moins lisible. Car, sans présenter l'acuité des conflits qui agitent l'Algérie, l'ex-Yougoslavie ou le Moyen-Orient, sa durée et son intensité restent sans équivalent en France où, faute de référents, on ne sait quelle thérapie adopter.

Cartes
et situation géographique

**Dans un pays fortement centralisé comme
la France, l'éloignement redoublé
par l'insularité crée une situation
de marginalisation.**

Territoire marginalisé

Située dans le golfe de Gênes, entre
la Toscane et la Sardaigne, la Corse
se présente comme une vaste île
montagneuse, grande comme deux
départements français (8 569 km²).
Elle est la région la plus dépeuplée
de France (260 000 habitants)
et la seule dépourvue de villes
importantes : Ajaccio n'atteint
pas 60 000 habitants et Bastia
se tient au-dessous de 50 000
habitants. Dans l'intérieur,
la désertification a fait tomber
la densité moyenne à moins
de dix habitants au km²
et certaines zones enclavées se
rapprochent de la densité du
Sahara (cinq habitants au km²).
La Corse cumule les handicaps. L'obstacle maritime
aggrave son éloignement par
rapport à la capitale. Localement,
l'île n'a pu valoriser sa situation
transfrontalière, faute de volonté
politique nationale et régionale.
Au contraire, le douloureux divorce
avec Gênes et le rattachement
difficile à la France, survenus à la fin
du XVIIIᵉ siècle, ont marginalisé son
territoire.

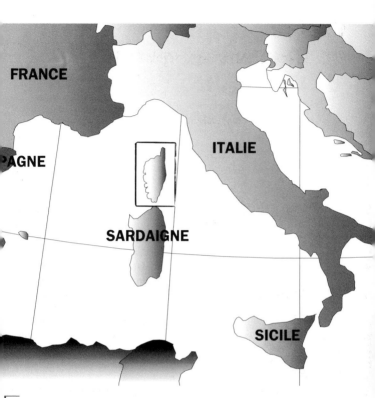

Rôle subalterne

Au lendemain de la guerre de 1914-1918, lorsque les nouveaux moyens de navigation facilitaient des liaisons rapides avec Livourne (en Italie), liaisons susceptibles de connecter l'île sur le bassin toscan, le triomphe de Mussolini (1883-1945) gèle cette éventualité. La Corse s'est ainsi trouvée « hors circuit ». L'histoire, alliée à la géographie, l'a empêchée de devenir un maillon de la stratégie commerciale française. Cette intégration impossible au territoire national a longtemps confiné l'île de Beauté dans le rôle subalterne de réservoir démographique. Un rôle secondaire qui a cultivé ses comportements marginaux.

La Corse en Méditerrannée occidentale.

Splendeurs et misères de l'Antiquité

Dès la protohistoire, le destin de la Corse reflète la violence qui a façonné la Méditerranée.

Des sites mégalithiques somptueux

En 1973, l'archéologue François de Lanfranchi découvre près de Bonifacio, sur le site de l'Araguinola-Sennola, la sépulture d'une jeune femme datant de 6570 av. J.-C. La « Dame de Bonifacio » naissait. Elle demeure, à la fin du XXe siècle, la doyenne des Corses. Mais les spécialistes s'accordent à penser que le peuplement de l'île est plus ancien.

Les premiers outils préhistoriques exhumés sont relativement sommaires. En revanche, avec l'âge du bronze (IIe millénaire av. J.-C. environ), la civilisation devient brillante. Les sites mégalithiques insulaires comptent parmi les plus imposants de Méditerranée. Ils abondent dans le Sartenais (Corse-du-Sud) où s'est également développée une culture dite « torréenne » (en raison de ses sanctuaires circulaires), proche de celle que l'on trouve en Sardaigne.

Les spécialistes ne s'accordent ni sur la chronologie, ni sur la provenance de ces civilisations mégalithique et torréenne qui se sont livrées à une guerre sans merci, apparemment gagnée par les Torréens qui ont aussitôt brisé de nombreux menhirs érigés par leurs ennemis. Aujourd'hui, nombre de ces mystérieuses statues sont considérées comme des chefs-d'œuvre du patrimoine artistique méditerranéen. Les historiens y voient un instant privilégié dans l'évolution de la sculpture, annonçant les grandes créations de la Grèce antique.

Ombres et lumières de la période romaine

Le passage de la protohistoire à l'histoire ne change pas le destin guerrier de l'île. Une grande bataille inaugurale, dite bataille d'Alalia (Aléria), marque, vers 535 av. J.-C., l'entrée de l'île dans l'Antiquité. Elle voit

Filitosa, site mégalithique
Délégué aux monuments historiques, l'écrivain français Prosper Mérimée a inspecté la Corse, passant sans le voir devant le magnifique site préhistorique de Filitosa, classé aujourd'hui par l'Unesco. Filitosa témoigne des dures batailles qui ont vu s'affronter les sculpteurs de menhirs aux Torréens. De nombreuses statues ont été réemployées par les vainqueurs, les Torréens, pour construire leurs lieux de culte et les fortifier.

s'affronter les Phocéens (peuple d'Asie Mineure) à une coalition de Carthaginois et d'Étrusques finalement victorieux.

Mais la période la plus sombre semble être la conquête romaine qui s'étale de 238 à 111 av. J.-C., justifiant ces mots de Tacite : « *Ubi solitudinem faciunt, pacem appelant* » (« ils appellent paix le désert qu'ils créent »).

La Corse en sort dépeuplée et exsangue. Elle mettra plus d'un siècle à se reconstituer, avant d'entrer dans une période de splendeur qui dure autant que l'Empire romain. L'île compte sans doute alors près de 150 000 habitants (certaines estimations vont jusqu'à 200 000). Cette population réside essentiellement sur le littoral, abandonnant l'intérieur à de frustes bergers. La plaine orientale fait l'objet d'une exploitation agricole intensive. L'artisanat et l'industrie (pêche, bois, tannage) sont également importants. Les liens commerciaux entre cités sont assurés par bateau. Aucune voie « romaine » importante ne structure l'île du nord au sud et d'est en ouest.

Aléria, capitale romaine

D'Aléria, la capitale romaine de la Corse, il ne reste que les ruines de l'acropole suspendue sur la plaine du Tavignano. L'opulence de la cité se voit dans son théâtre qui pouvait contenir 5 000 spectateurs.

Régression moyenâgeuse

La chute de l'Empire romain (IVᵉ siècle apr. J.-C.) pénalise durement la Corse dont l'économie florissante dépendait entièrement des échanges avec le continent. La rupture des liaisons maritimes ruine les cités littorales. Probablement incendiée par les Vandales (groupe de peuples germaniques), Aléria meurt au début du Vᵉ siècle. Le déclin de l'agriculture entraîne le retour progressif de la malaria sur les zones côtières. Affligés par les maladies et l'insécurité consécutive aux incursions sarrasines, les Corses, revenus à un état proche de l'âge de fer, refluent vers l'intérieur où l'essentiel de la population se concentrera jusqu'aux années 1950.

Au terme d'une conquête douloureuse, la Corse connaît sous Rome une période de splendeur, marquée par une mise en valeur intensive de la plaine orientale où se situait Aléria, la capitale de l'île.

Pise-Gênes : l'interminable transition

Avant la présence française, l'île passe des mains de Rome à celles de Pise puis de Gênes.

L'échec de la féodalité

De la chute de l'Empire romain à l'insurrection populaire de 1358, la Corse connaît une période trouble. L'île devient un pion dans la stratégie du Saint-Siège, au gré de ses alliances et de ses conflits avec les royaumes émergents de France et d'Aragon, mais aussi avec ses voisins pisans et génois. Autant de tutelles fragiles dont il ne résulte aucune structuration forte de la société, même pas sous une forme féodale.

À la fin du Xᵉ siècle, l'île semble livrée à une totale anarchie. Non seulement les potentats locaux refusent toute autorité structurée et unique, mais certaines régions penchent pour une administration informelle de notables, appelée gouvernement populaire. Contrairement à ce qui s'observe pour la chevalerie française ou pour la noblesse germanique, la Corse n'est pas tentée par le système féodo-vassalique.

Pise : espoirs déçus

L'ambitieuse Pise en profite pour se rendre indispensable auprès du pape. La cité toscane s'impose contre Gênes et parvient, au XIIᵉ siècle, à donner à la Corse (que le Saint-Siège lui a concédée en 1077) une relative stabilité.

Mais le XIIIᵉ siècle ramène la guerre à la faveur du conflit qui déchire Pise, Gênes et Rome et que l'empereur germanique et le roi d'Espagne attisent sous prétexte de l'arbitrer. La situation de la Corse se dégrade, au point qu'un brigandage maritime se développe à grande échelle aux dépens des bateaux toscans. C'est le « naufrage » de l'intermède pisan qui fut marqué par un bel essor de l'art religieux. La Corse en hérite un chapelet d'églises romanes qui sont, avec les menhirs, un des joyaux de son patrimoine.

Les tours génoises

La Renaissance est marquée par la construction d'un chapelet de tours génoises, destinées à protéger les populations contre les incursions sarrasines. Pendant cette période, l'île édifie également de nombreux couvents décorés de fresques. Les églises s'ornent de retables. On fortifie l'orgueilleux promontoire de Calvi. Enfin, on met en chantier les citadelles de Bastia et d'Ajaccio, deux villes fondées respectivement en 1476 et 1492.

Gênes s'impose
dans l'anarchie politique et religieuse

L'affaiblissement de Pise incite Gênes à attaquer. Elle entre dans l'île en colonisant Bonifacio au sud, puis Calvi au nord. Deux bases qui lui servent à étendre sa domination. À la fin du XIIIe siècle, il devient difficile de résister à la triomphante république ligure dont le commerce domine la Méditerranée. Après une défaite navale au large de la Meloria en 1284, le déclin de Pise est inexorable.

Pour s'attacher les clans corses, Gênes prend en otage un enfant de chaque famille importante tout en menant une guerre sans merci aux derniers fidèles de Pise. Cette douloureuse transition génoise précipite la Corse dans l'anarchie religieuse – développement spectaculaire de l'hérésie des Giovannali, une secte qui rappelle les Albigeois et qui fut comme eux exterminée – et politique. La révolte populaire conduite en 1358 par un certain Sambucuccio d'Alando aboutit à la destruction de presque toutes les places fortes.

Ci-contre :
une tour
de guet génoise.

Terre des communes
et Terre des seigneurs

De ces longues périodes incertaines semble dater l'organisation massive de filières d'émigration. De nombreux Corses s'installent à Pise, Livourne, Férrare, Venise, mais aussi à Marseille ou Alger. On observe également des mutations sociologiques. Le Nord restaure une sorte de démocratie archaïque qui porte le nom de « Terre des communes ». Les chefs de familles se rassemblent pour voter démocratiquement les grandes décisions. Les hommes qui ont conduit la révolte populaire adoptent le titre de « caporaux » sans créer pour autant une nouvelle aristocratie. En revanche, dans le Sud, dit « Terre des seigneurs », les familles patriciennes parviennent à se reconstituer. Gênes doit ainsi gérer une double administration. En 1453, la République confie à l'Office Saint-Georges, une banque paraétatique, la gestion de l'île. Il faudra à cet organisme financier près de cent ans de féroce répression pour s'imposer. À l'aube du XVIe siècle, la Corse génoise connaît enfin un entracte de prospérité économique et culturelle.

Le Moyen Âge et la Renaissance corses sont marqués par l'échec de la féodalité. La Corse ne se structure pas autour d'une aristocratie forte, mais autour de familles dominantes qui parviennent difficilement à pérenniser leur pouvoir.

Sampiero Corso, premier « libérateur »

Le destin tragique de Sampiero Corso a marqué durablement la sensibilité insulaire.

Issu de la roture

La richesse économique de Gênes contraste avec son indécision politique qui encourage les ambitions méditerranéennes des rois de France et d'Espagne.

Le désengagement de l'Office Saint-Georges et l'administration directe par une République frappée d'impuissance aggravent l'instabilité de la Corse, favorisant le destin de Sampiero Corso (1501-1567), l'un des grands *condottieri* (« mercenaires ») de la Renaissance.

Né à Bastelica, au sud d'Ajaccio, dans une famille modeste, il s'expatrie très jeune (comme de nombreux Corses) afin de mettre sa bravoure au service des différents souverains. Ses exploits auprès des Médicis (riche famille italienne) l'amènent à la cour de France où il sert François 1er (1494-1547) et Henri II (1519-1559) en tant que colonel – un grade élevé pour un aventurier issu de la roture.

Personnage shakespearien

Lorsque Paris jette son dévolu sur l'île, Sampiero Corso devient d'autant plus volontiers l'homme de la situation qu'il voue à Gênes une haine féroce. Malgré une série de victoires, le *condottiere* n'est pas suivi jusqu'au bout par ses alliés français qui reconnaissent la souveraineté génoise lors du traité de Cateau-Cambrésis (1559), signé avec l'Espagne. Sampiero Corso ne cède pas pour autant. Après une retraite stratégique, il revient le 12 juin 1564 et provoque un soulèvement général. On a souvent interprété cet épisode comme la première manifestation historique d'indépendantisme. En fait, Sampiero Corso travaille toujours, en sous-main, pour la couronne de France.

XVIIᵉ siècle : une résistance constructive

Mais très vite les contre-performances militaires se multiplient, favorisées par la brutalité du personnage. Gênes met
sa tête à prix d'or. En 1567, le *condottiere* est assassiné. C'est
la fin de la première révolution corse. Ses descendants, les
comtes d'Ornano, s'expatrient en France, intègrent la Cour
et deviennent des personnages influents du royaume.

Cet épisode dramatique semble favoriser une prise
de conscience positive. Tout au long du XVIIᵉ siècle,
le déclin de Gênes contraste avec la résistance construc-
tive de la Corse, qui progresse en population, en culture
et en richesses.

Au début du XVIIIᵉ siècle, alors que le bouillonnement
des Lumières (mouvement intellectuel qui conteste
les anciens dogmes) commence à agiter l'Europe, la Corse
dispose d'élites formées dans les grandes universités
italiennes. Sans se situer clairement à l'avant-garde
du renouveau philosophique, l'île devient une sorte
de laboratoire des idées révolutionnaires qui commencent
à agiter l'Europe.

Esprit prérévolutionnaire ou clientélisme ?

D'où l'intérêt des philosophes pour l'île de Beauté.
Jean-Jacques Rousseau (1712-1778) travaille à une
Constitution. Voltaire (1694-1778) suit son actualité.
En Angleterre, pays constitutionnaliste par excellence,
la fascination est vive. La seconde moitié du XVIIIᵉ siècle sera
donc la période la plus riche et la plus active de l'histoire
corse. Encore faut-il lever certaines équivoques pour
comprendre les déconvenues finales. Certes les libertés
propres à l'île (lors des assemblées citoyennes tous les chefs
de famille, riches ou pauvres, votent, même les femmes
lorsque le veuvage leur confère la responsabilité du foyer)
constituent un plus indéniable par rapport aux vieux
régimes aristocratiques. Mais, parallèlement, la prédominance
du modèle familial comme forme du lien social empêche
la Corse d'évoluer vers l'État moderne, c'est-à-dire
vers la démocratie représentative – plus efficace
que la démocratie directe, aliénée aux pesanteurs familiales.

Faute
de désacraliser
la famille
comme fondement
du pouvoir et
de sacraliser l'État
comme expression
de la volonté
générale,
les XVIᵉ, XVIIᵉ
et XVIIIᵉ siècles,
en Corse,
ne parviennent pas
à unifier une île
divisée en clans
familiaux.
L'opposition à
Gênes échoue donc
dans sa tentative
de créer une Corse
indépendante.

XVIIIᵉ siècle : l'épopée de Pascal Paoli

À la fin du XVIIIᵉ siècle, Pascal Paoli parvient à donner à la question corse une audience considérable.

La « révolution de Corse »

C'est à Naples, alors la plus grande métropole du monde occidental, que le jeune Pascal Paoli (1725-1807) prépare son destin. En Corse, les différentes factions* contestent l'autorité de Gênes, mais sans remiser pour autant leurs querelles intestines. Les rêves d'émancipation trébuchent sur ce clanisme* plus « progressiste » certes que les régimes aristocratiques, mais en retrait par rapport à l'idéal constitutionnaliste des philosophes.

La révolution de Corse commence par les troubles de 1729. Les prétentions de la déclinante république de Gênes à régenter encore l'île rebelle offusquent les esprits libres européens et tentent aussi les aventuriers. Au nombre de ceux-ci, Théodore de Neuhoff (1694-1756), *condottiere* d'origine germanique qui rêve d'expérimenter les idées nouvelles. Débarqué en Corse en 1736, bien reçu par la population, le voici proclamé roi. Cette révolution d'opérette ne constitue qu'un intermède. Le roi s'enfuit après quelques mois de règne, marqués tout de même par la création d'une monnaie et un projet d'université. Gênes ne pourra plus colmater la brèche ainsi ouverte.

Général de la nation

En 1755, la Corse fait appel à Pascal Paoli, élu général de la nation. Cet homme qui correspond avec Jean-Jacques Rousseau (1712-1778) jouit d'une

Pascal Paoli, « père de la patrie »

Pascal Paoli, *u babbu di a patria*, « le père de la patrie », naît en 1725 à Morosaglia, dans une puissante famille de la Castagniccia, et meurt à Londres en 1807.
On connaît mal sa formation intellectuelle, mais il se montre rapidement sensible aux idées des Lumières. Son souci de nouer une alliance avec l'Angleterre, pays phare des nouvelles théories politiques et économiques, révèle un homme ancré dans la modernité. D'où l'hostilité que lui voue l'Ancien Régime français.

HISTOIRE | GÉOGRAPHIE | CULTURE | ÉCONOMIE

réputation internationale. En avance sur son siècle, Pascal Paoli rêve d'aligner la Corse sur le modèle anglais. Comme les philosophes, il est impressionné par la réussite politique et l'essor économique de l'Angleterre, seul pays véritablement doté d'un État de droit (grâce au parlementarisme) mais aussi d'une économie de droit (grâce au capitalisme naissant).

Affolée, Gênes appelle à son secours la puissante armée du roi de France. Malgré de brillants succès, les paolistes sont vaincus en 1769, lors de la bataille de Ponte Novo. Le généralissime s'exile en Angleterre, sa terre de prédilection.

Le roi de France, représenté localement par le gouverneur Marbeuf, ne rencontre plus d'opposition structurée. Jouant sur les divisions locales, il favorise outrageusement certains chefs de clans, notamment la nouvelle étoile montante de la politique insulaire, Charles Bonaparte (1746-1785), le père de Napoléon, qui obtient la faveur d'inscrire le futur empereur dans la plus prestigieuse école militaire française.

1790 : retour triomphal à Paris

Après la convocation des états généraux, Mirabeau (1749-1791) plaide pour le retour de Paoli. En 1790, accueilli triomphalement par le Tout-Paris révolutionnaire, le vieux chef revient en Corse doté des pleins pouvoirs. Le futur Napoléon Ier (1769-1821) rédige le discours de bienvenue. Mais, sur place, les choses ont changé. La Corse vit maintenant à l'heure parisienne. Les chefs de clans participent avec zèle aux intrigues de la capitale et à ses efforts pour exporter la Révolution. Ainsi, une expédition précipitée est lancée vers la Sardaigne. Paoli la désapprouve. On lui en impute l'échec. Il est destitué. Alors, profitant de la dérive de la Révolution dans la Terreur, le généralissime revient à ses amours anglaises. De 1794 à 1796, c'est l'intermède du « royaume anglo-corse ». Mais les dissensions locales persistantes et l'aura grandissante des Bonaparte dans les sphères parisiennes reconduisent Pascal Paoli sur la route de Londres.

Le siècle des Lumières se caractérise, en Corse comme ailleurs, par la volonté de refonder le contrat social sur de nouvelles institutions. La Corse joue ainsi un rôle de précurseur. En 1755, Pascal Paoli fait adopter une Constitution, certes sommaire par rapport à celles promulguées ensuite aux États-Unis et en France, mais qui affirme nettement, pour la première fois, *la souveraineté du peuple.*

XIXᵉ siècle : une « francisation » ambiguë

Pendant le XIXᵉ siècle, la société corse s'adapte à la nouvelle donne politique, mais sans renoncer à ses spécificités.

Prosper Mérimée et la Corse
Souvent critiqué, Prosper Mérimée fut un fin observateur de la Corse. Au-delà des qualités littéraires de *Colomba* (1840), son chef-d'œuvre, Mérimée repère le rôle de la famille dans la dynamique de la société corse. En insistant sur l'implication des femmes dans la violence, il souligne à la fois leur fonction de gardiennes du temple et leur situation stratégique dans les alliances nouées au sein des conglomérats parentaux.

Renversement de l'histoire

Jusqu'à la Révolution (1789), la Corse et la France ne s'étaient rencontrées qu'accidentellement. Avec la prise de la Bastille s'achèvent vingt années d'équivoque pendant lesquelles l'île restait sous la menace d'un retour à la tutelle génoise. Une éventualité définitivement repoussée lorsque « la Sérénissime » tombe sous la coupe de Bonaparte, lors de sa victorieuse campagne d'Italie (1796), et devient symboliquement la vassale de la Corse. Singulier renversement de l'histoire...

L'île se sent désormais conquérante et décomplexée. L'ascension irrésistible des Bonaparte révèle l'étonnante vitesse d'adaptation des politiciens corses à la nouvelle donne issue de la Révolution.

Postes stratégiques

Quel contraste avec l'Ancien Régime. Napoléon avait ressenti comme une humiliation la supplique adressée par son père au roi afin que les enfants Bonaparte intègrent les grandes écoles du royaume. Au lendemain de la défaite de Pascal Paoli à Ponte Novo (1769), seuls quelques notables corses acceptèrent de faire valider par Versailles leurs titres de noblesse. Dans leur grande majorité, les Corses boudent ce geste d'allégeance, étranger à la culture d'une île où chaque chef de famille, même la plus humble, avait le droit de vote. En revanche, vingt ans après, la classe politique apprécie l'ouverture révolutionnaire qui lui permet de convoiter les postes stratégiques. Par deux fois, les Bonaparte accèdent à la magistrature suprême, façonnant durablement l'administration française et remodelant architecturalement le visage de Paris (les Champs-Élysées, la Madeleine, le Louvre, l'Arc de Triomphe...). Mais les Corses savent tout autant agir dans l'ombre. Le député Emmanuel Arène (1856-1908) à la fin du XIXᵉ siècle et le préfet Jean Chiappe (1878-1940) pendant l'entre-deux-guerres en sont des exemples emblématiques.

Promotion sociale

Cette adaptabilité assure aux chefs de clans une promotion sociale sans commune mesure avec les miettes que leur concédait Gênes. De surcroît, dans la France du XIXᵉ siècle déjà touchée par la dénatalité, la Corse devient un réservoir démographique. Dans tous les villages s'organisent des filières à l'émigration. Elles facilitent l'intégration rapide des populations rurales corses transplantées dans les villes du continent où les communautés d'accueil, organisées sur un modèle parafamilial, pratiquent une solidarité active.

Vernis républicain

En revanche, dans l'île même, c'est l'immobilisme. L'avance démocratique dont la Corse jouissait du temps de Pascal Paoli se mue en retard à mesure que le parlementarisme triomphe en Europe du Nord. Au lieu d'adhérer aux bouleversements politiques successifs de la nation française, l'île s'enracine dans ses archaïsmes méridionaux. Tout au long du XIXᵉ siècle, l'appartenance à la France reste ainsi de pure façade. Indifférente à l'essor de l'Europe atlantique, la Corse illustre à sa façon le déclin du Bassin méditerranéen, déserté par les grands courants d'affaires. La logique d'honorabilité, typique des cultures latines, fonctionne comme un vernis républicain qui permet aux clans familiaux de monopoliser l'espace social et de marginaliser l'administration officielle. Nourries par l'indifférence aux enjeux économiques, auxquels se substitue le culte obsédant du pouvoir, les vendettas* animent dans l'ombre la vie politique et sociale de l'île.

Le banditisme corse

Au XIXᵉ siècle, l'ampleur du banditisme corse étonne l'opinion française. Les crimes de sang sont quatre fois plus nombreux qu'à Paris, pourtant peu sûr. De fréquents « attentats » détruisent les récoltes, les maisons, le bétail.

L'intégration à la France instaure un contraste, toujours vivace, entre l'émigration ouverte et entreprenante et l'île refermée sur des structures économiques, politiques et sociales prérévolutionnaires.

XXe siècle : expansion coloniale et dérive protestataire

Malgré l'exode rural qui la vide de sa substance, la Corse participe ardemment à l'expansion coloniale française.

Rares efforts de développement

Pendant la première moitié du XXe siècle, la Corse conserve une forte natalité. Sous-dimensionnés, les rares efforts d'industrialisation (forges, menuiseries, tanin) ou de diversification agricole (cédrat) ne peuvent retenir le surcroît de population.

Administrateurs, militaires et fonctionnaires corses deviennent ainsi la colonne vertébrale de l'expansion française dans le monde. En 1945, loin de pressentir le naufrage, ils continuent de voir l'Empire à travers le prisme glorieux de l'armée coloniale engagée dans la libération de l'Europe, comme si l'Afrique était le nouveau centre de gravité national.

Les brûlures de la décolonisation

Pourtant, loin de consacrer la planétarisation de la France, l'après-guerre engage son déclin. En 1962, les accords d'Évian signés avec le FLN algérien officialisent la fin d'une époque. Paris ne règne plus que sur l'Hexagone, et la Corse réalise qu'elle est une île sous-équipée, vieillie et gercée dont les meilleures terres viennent d'être acquises par les rapatriés d'Algérie. Rivée à ses rêves d'Empire, la Corse vit cette transition comme un cauchemar. Beaucoup accusent le général de Gaulle de parjure et soutiennent les putschistes d'Alger. D'autres glissent du nationalisme français au nationalisme corse. Tous s'ancrent dans cette « culture coloniale » dont l'île perpétue le vocabulaire comme une incantation.

Dans les années 1960, aucune alternative économique nouvelle ne peut suppléer l'exode des Corses sur le continent. La monoruralité languissante, l'absence de pôles industriels, la dispersion des centres urbains, l'inconsistance des voies de communication font qu'il n'y a pas de points d'appui, contrairement à la Savoie ou à la Côte d'Azur, pour intégrer harmonieusement la nouvelle richesse : le tourisme.

Alibi idéologique

Ces blocages renforcent la nostalgie coloniale. L'île interprète le présent dans la phraséologie du passé : « nationalisme », « colonisation », « Front de libération nationale ». Or, la décolonisation est une question transcontinentale, transculturelle et transreligieuse qui ne semble pas adaptée au cadre étriqué du golfe de Gênes. Seulement, au cours du dernier siècle, les Corses n'ont pas connu d'autre bain idéologique.

En revanche, par la violence qu'il véhicule, ce discours fournit un excellent alibi aux dérives protestataires qui ravivent les luttes de clans.

Les événements d'Aléria
En août 1975, un commando armé de militants autonomistes occupe une cave viticole, près d'Aléria. Il entend dénoncer ainsi un scandale : celui du vin trafiqué par certains viticulteurs rapatriés. La violence de la répression policière donnera à cette action une autre portée : les événements d'Aléria deviennent le symbole de la renaissance de l'indépendantisme corse.

Brièvement suspendus par le drame algérien, ces déchirements ressurgissent dans les années 1960.

L'île retrouve la guerre civile larvée qui caractérise son histoire.

La « lutte de libération nationale », officialisée pendant l'été 1975 par les événements d'Aléria puis par la fondation en 1976 du FLNC (Front de libération nationale de la Corse), en devient le nouveau masque, relayant la mythologie essoufflée du bandit d'honneur.

Le « peuple corse »
Perçue aujourd'hui comme « subversive », la notion de « peuple corse » était banale jusqu'à la dernière guerre. Puis, le psychodrame de la décolonisation a glissé dans le mot « peuple » une radicalisation révolutionnaire dont on ne trouve pas l'équivalent en Italie ou en Allemagne par exemple, où les différences identitaires s'affirment plus dans les champs économique et culturel que dans l'arène politique.

Le XXe siècle est particulièrement douloureux pour la Corse, saignée par la Première Guerre mondiale, surprise par le naufrage de l'Empire colonial, victime enfin d'une poussée de terrorisme après les événements d'Aléria.

Une morphologie complexe

Géologiquement la Corse se divise en deux ensembles distincts : un bloc granitique qui domine au sud et un bloc schisteux qui occupe le nord-ouest de l'île.

Les aiguilles de Bavella *(ci-dessous)* **Elles ne tentent pas seulement les amateurs d'escalade mais aussi les amoureux de paysages monumentaux. On y accède généralement par l'imposante vallée de la Solenzara. Une fois le col franchi, la descente vers Levie conduit le visiteur vers les grands sites mégalithiques.**

La Corse cristalline

À l'ouest, la grande chaîne cristalline part de la haute Balagne et vient mourir sur les hauteurs de Bonifacio. Elle se découpe en une succession de grands massifs qui dépassent tous les 2 000 m. Le monte Cinto (2 710 m) en est le point culminant. Au XIXe siècle, on pensait encore que le monte Rotondo (2 622 m), dont la silhouette altière domine Corte, était le point le plus élevé. Au centre de l'île, le Renoso dépasse les 2 300 m. Au sud, l'Incudine (« l'enclume ») atteint 2 100 m. Cette dernière montagne est gardée par les aiguilles de Bavella, un site spectaculaire que certains alpinistes ont surnommé « les petites Dolomites ».

La sierra corse ne compte qu'un seul grand plateau, le Coscione, situé au sud-ouest. Lors des hivers enneigés, ses espaces immenses offrent un superbe parcours au ski nordique. Partout visible, l'avancée des glaciers a laissé de nombreux lacs d'altitude. Les zones morainiques abritent de vastes forêts – Bonifato, Aitone, Vizzavona, Verde, Bavella, l'Ospedale, etc. – qui font la célébrité de la montagne corse depuis l'Antiquité. Le pin *laricio*, une espèce remarquable, était utilisée pour les mâts des bateaux à voile.

La Corse schisteuse

La Corse schisteuse dessine, au nord-est, l'autre grand bloc géologique. Le San Pedrone (1 730 m), situé au cœur de la Castagniccia, en marque le sommet. Dans ce massif verdoyant, la hêtraie l'emporte sur les conifères et d'épaisses futaies de châtaigniers tapissent les vallées.

Fortement encouragée sous l'occupation génoise, la culture du châtaignier constituait la composante fondamentale de l'économie corse. Une prédominance prolongée jusqu'à la dernière guerre.

Parmi les curiosités géologiques, des affleurements calcaires apparaissent au nord, dans la région de Saint-Florent, et surtout au sud, offrant le spectacle monumental des falaises de Bonifacio.

Castagniccia : l'authentique
La Castagniccia, située au sud de Bastia dans le massif du San Petrone, représente l'une des régions les plus attachantes de l'île. Aujourd'hui à l'abandon, sa châtaigneraie (*castagniccia*) en faisait une forteresse économique. Cette région servit de théâtre à la guerre de libération conduite par Pascal Paoli qui en était originaire.

Les plaines alluviales

Dans cette morphologie dominée par les reliefs, les plaines alluviales ne sont pas négligeables. Le vaste terroir qui borde la côte orientale était l'un des plus convoités de l'Antiquité. Aujourd'hui, agrumes et viti-culture constituent ses principales productions.

Des bassins moins imposants ont fait la richesse passée de la Balagne longtemps appelée le « jardin de la Corse ». Sur la côte ouest, plus escarpée, la montagne plonge dans la mer, dessinant ainsi le cadre grandiose des calanques de Piana et du golfe de Porto. Cependant, les basses vallées du Liamone, Prunelli, Gravone, Taravo et Rizzanese offrent de beaux espaces à l'élevage et à l'agriculture.

La Corse se présente comme une montagne dans la mer. Elle est une continuation de la chaîne alpine, détachée du continent européen par les mouvements tectoniques. Ce relief puissant et complexe n'a pas été sans incidence sur l'évolution politique de l'île dont il a favorisé les cloisonnements intérieurs.

Un climat privilégié

Une haute montagne dans la mer Méditerranée : cet heureux contraste fait le charme du climat de la Corse.

Agrumes et alpages

Sur le plan climatique, la Corse ne se résume pas à sa méditerranéité. Son puissant relief lui offre une grande variété de climats. À la douceur des côtes où prospèrent les agrumes, la vigne et l'olivier, s'oppose le froid rigoureux des hautes vallées, des alpages et des sommets, sur lesquels la neige résiste encore parfois au cœur de l'été. Sur la chaîne centrale, l'âge glaciaire a laissé plusieurs dizaines de lacs dont l'un, situé à 2 400 m d'altitude, est gelé neuf mois sur douze.

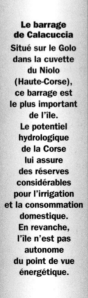

Le barrage de Calacuccia
Situé sur le Golo dans la cuvette du Niolo (Haute-Corse), ce barrage est le plus important de l'île.
Le potentiel hydrologique de la Corse lui assure des réserves considérables pour l'irrigation et la consommation domestique.
En revanche, l'île n'est pas autonome du point de vue énergétique.

Un château d'eau

Ces contrastes singularisent la Corse par rapport aux autres grandes îles méditerranéennes. Elle reçoit autant de précipitations que la Normandie ou l'Autriche. Cette humidité incontestable se traduit dans le couvert végétal par un maquis verdoyant, et en altitude par des forêts d'une densité et d'une taille rares à cette latitude.

L'un des charmes de la Corse vient justement de l'abondance de l'eau. Ainsi les randonneurs qui parcourent le GR 20, le sentier de grande randonnée qui suit l'arête centrale, n'ont pas à se préoccuper des réserves d'eau, contrairement à ce qui s'observe sur les autres GR, le Tour du Mont-Blanc y compris. En effet, le parcours est jalonné de sources rafraîchissantes.

Trop dispersé, ce potentiel hydraulique ne suffit cependant pas à assurer une production suffisante d'électricité. En revanche, il dépasse largement les besoins domestiques et agricoles. À un moment où les experts évoquent la raréfaction de l'eau potable comme l'un des grands problèmes du XXIᵉ siècle (notamment en Méditerranée), la Corse dispose là d'une richesse considérable.

Une montagne insuffisamment érodée

La montagne corse conserve
de nombreuses traces de la période glaciaire,
mais cette glaciation n'a pas été suffisante
pour éroder profondément les grands bassins,
ce qui rend difficile la construction d'une grande station
de ski, malgré un potentiel neige honorable
à cette latitude.
En revanche, trois sites (notamment celui du Nino)
ont été recensés qui pourraient accueillir
des stations moyennes,
en plus des stades de neige actuels.

Sports d'eau vive

La côte orientale, où les besoins en irrigation sont les plus importants, contient les deux principaux bassins de réception, celui du Golo dont le régime moyen est de 16 m³ seconde et celui du Tavignano (12 m³). Trois barrages ont été réalisés sur ce versant.

Sur l'autre côte coule le troisième fleuve en importance : le Taravo (9 m³) sur lequel un barrage est en construction. Mais les rivières secondaires sont suffisamment abondantes pour que des barrages hydroélectriques y soient édifiés – comme sur le Prunelli à l'ouest et le Fiumorbo à l'est.

Signe frappant de cette hydrographie généreuse, les guides de canoë-kayak en eau vive répertorient quelque soixante-dix rivières sur lesquelles ces sports extrêmes sont praticables à la fin du printemps pendant la fonte des neiges. Le cas le plus remarquable est celui d'un affluent du Tavignano. On peut s'y embarquer à 2 000 m d'altitude au milieu de la neige et terminer sa course près d'Aléria dans les champs d'oliviers.

La Corse est une île verte qui se singularise en Méditerranée par son important potentiel en eau. Un capital dont la valeur ne peut que s'apprécier dans un monde où cette ressource a tendance à renchérir et à se raréfier.

Des sites prestigieux

Ce n'est pas sans raison qu'on appelle la Corse « l'île de Beauté ».

Un patrimoine « mondial »

Sa variété de paysages confère à la Corse son exceptionnelle beauté. La légende veut que cet atout soit déjà reconnu dans l'Antiquité, ce qui justifierait son surnom grec de *Kallisté*, « la plus belle ». En réalité, le regard esthétique (et pas seulement agricole ou militaire) sur la nature est une donnée récente, popularisée par les écrivains romantiques et les peintres impressionnistes.

Le golfe de Porto, qui émerveilla l'écrivain Guy de Maupassant (1850-1893), constitue indéniablement l'élément le plus remarquable de Corse.

La rive nord, très monumentale, est l'unique paysage français inscrit par l'Unesco à l'inventaire du patrimoine mondial.

Un chapelet de tours littorales

Mais le bord de mer, jalonné de tours de garde, est toujours saisissant : le cap Corse, la Balagne, les golfes de Sagone, d'Ajaccio, du Valinco, de Porto-Vecchio, le site de Bonifacio... Partout où elle a survécu, l'architecture génoise des cités maritimes s'intègre harmonieusement à ce décor. Seule la côte orientale, rectiligne et sablonneuse, manquerait d'intérêt sans la parure des formations lagunaires.

À l'intérieur, la moyenne montagne abrite l'habitat traditionnel avec ses vallées tapissées de villages pittoresques, notamment en Castagniccia (haut lieu de l'histoire corse) et dans la région de Corte, capitale historique.

La haute montagne peut être découverte grâce au GR 20, un lumineux sentier entre deux mers. Les visiteurs moins sportifs accèdent aux lacs d'altitude en empruntant près de Corte la vallée de la Restonica, inscrite à l'inventaire des grands sites nationaux. Le parc naturel régional, l'un des plus étendus de France, contribue à la valorisation de ce patrimoine naturel, unique en Méditerranée.

Corte, capitale historique

Corte fut choisie par Pascal Paoli comme capitale de l'île indépendante. Ville universitaire depuis 1980, elle s'impose comme pôle culturel depuis l'ouverture du remarquable « musée de la Corse ». Ville touristique aussi, Corte est une base d'excursions vers les vallées de la Restonica et du Tavignano qui conduisent vers les plus beaux lacs glaciaires de l'île.

La Corse étonne par sa diversité et sa beauté. Cependant, ce patrimoine ne fait pas l'objet d'une valorisation rationnelle. C'est pourquoi les atouts naturels de l'île ne parviennent pas à s'ériger en ressource économique par le biais d'un tourisme intégré.

Un patrimoine fragile

La question de la préservation se pose en Corse également malgré son non-développement et sa sous-population.

Coupe-feu agricoles

À l'exception des conifères, bouleaux et hêtres qui règnent en haute montagne, la végétation corse représente un compromis entre les possibilités complexes de la nature et l'intervention humaine. Plusieurs millénaires d'occupation ont suffisamment remodelé les paysages pour les rendre tributaires de soins attentifs. « *En Méditerranée, la nature a besoin de l'homme* », note l'historien français Fernand Braudel (1902-1985).

L'étagement des climats et la pluviométrie de la Corse compliquent encore ce scénario. En moyenne montagne, l'aulne, le châtaignier et le pin contestent au chêne sa prédominance, fragilisant le couvert végétal dans les zones intermédiaires. En effet, cette compétition complexe entre les espèces rend le maquis dominant sur les côtes et la moyenne montagne. Or le maquis est très exposé au feu. Pour maîtriser ce risque, l'agriculture traditionnelle alternait les prés et les zones boisées, cassant ainsi la progression des flammes, tandis que les villages s'abritaient derrière le rempart vert des jardins potagers. Seules les zones excentrées et inhabitées étaient abandonnées aux bergers qui y pratiquaient la technique millénaire du brûlis.

Reforestation massive

Les mises à feu intervenaient à l'orée de l'été, pendant que les bêtes gagnaient les alpages. Le retour se faisait en septembre, aux premières pluies. Les troupeaux étaient alors conduits sur les brûlis transformés en pacages. Il en résultait une forte nomadisation des familles de bergers. D'où leur marginalisation relative dans la société. Mais l'incendie criminel intervenait aussi comme une arme dans les différends privés. Cet usage « explosif » en fait l'ancêtre de l'attentat. Le feu conserve encore une dimension très « politique », au sens sociologique du terme, dans les sociétés méditerranéennes. En Corse,

---

Un mal corse : l'indivision

Au nombre des maux corses, il faut compter l'indivision, c'est-à-dire la possibilité pour les héritiers de s'épargner les frais de succession en restant indivis. Cette dérogation fait partie des allégements fiscaux consentis à l'île de Beauté depuis le xixe siècle. Elle s'intègre bien à sa sociologie soucieuse de renforcer les clans familiaux, mais, dans le contexte actuel de désertification des zones rurales, elle nuit à la préservation du patrimoine.

Le maquis corse

La chênaie représente la forêt méditerranéenne type qui résiste au feu en éliminant les sous-bois et en préservant son taux d'humidité. Mais les accidents naturels (sol pauvre, sec ou rocailleux, tornades, incendies déclenchés par la foudre) ou artificiels (déforestation humaine) contraignent souvent le chêne à composer avec d'autres espèces, tels l'arbousier ou la bruyère, composant ainsi le fameux maquis, proie privilégiée des flammes.

c'est un risque préoccupant. La disparition de l'agriculture en moyenne montagne aboutit à une reforestation massive. Les villages déserts ne sont plus protégés par la couronne des jardins potagers. Il en résulte une dérive dans l'utilisation des brûlis.

Villages : trésor menacé

À la fragilité du patrimoine naturel s'ajoute la dégradation du patrimoine architectural des villages. La désertification de la Corse profonde dévalorise le bâti ancien. Un cas type peut être observé à Morosaglia (commune natale de Pascal Paoli), où le hameau de la Rocca Suprana, l'un des plus pittoresques de l'île et l'un des plus remarquables par la beauté de ses maisons patriciennes, est menacé de ruine.

La dégradation n'épargne pas le littoral. Au risque de surprendre, il convient de relativiser l'effort des Corses, et notamment des « poseurs de bombes », pour se protéger de la « bétonisation ». Cette résistance se solde, certes, par l'absence de stations balnéaires intégrées et rationnelles, structurées autour du concept de « marinas ». Mais il en résulte une dispersion de l'habitat sur le littoral, souvent parsemé de constructions sans charme et sans unité, mal agencées dans des lotissements informes et tentaculaires.

Ce désordre enlaidit gravement la plaine orientale mais n'épargne pas la région d'Ajaccio et même certains points de Balagne. En revanche, un aménagement intelligent a permis la construction de quelques ensembles de villas remarquables dans les régions de Porto-Vecchio et de Bonifacio. Ironie du sort, ce bâti de qualité fournit une cible privilégiée aux attentats.

On présente souvent la Corse comme une île autoprotégée de la bétonisation touristique par la violence des attentats. Hélas ! Il y a loin du mythe à la réalité. Le patrimoine naturel et architectural y est aussi menacé qu'ailleurs.

Des potentialités contrariées

Le contraste est saisissant entre les richesses potentielles de l'île et leur sous-exploitation.

L'histoire pénalise la géographie

La morphologie accidentée et enclavée de la Corse a certainement pesé négativement sur son destin. Pourtant l'histoire de l'île a plutôt accentué qu'atténué les contraintes de la géographie. La plaine orientale en fournit un exemple frappant : à la fin du XXe siècle, ce magnifique terroir, pénalisé par une route médiocre et dangereuse, n'a retrouvé ni la richesse, ni la démographie qu'il affichait du temps de Rome.

Volumes de production insuffisants

Les productions insulaires ne parviennent pas à atteindre la taille critique qui leur permettrait de peser sur les marchés. En matière d'aquaculture par exemple, les ressources existent. La qualité des eaux corses garantit aux exploitants une mortalité des poissons moindre que la moyenne nationale. Pourtant, les entreprises locales ne parviennent ni à s'entendre, ni à s'unir. Moins favorisés, les aquaculteurs grecs ont pris le contrôle du marché. Un résultat d'autant plus navrant que ce secteur aquacole échappe mieux que d'autres aux aléas des transports. En cas de grève, le poisson reste en bassin.

Seule la viticulture (*voir* carte) tire son épingle du jeu. Sa production et sa commercialisation obéissent à un rythme propre, rationalisé par les facilités de stockage. En revanche, la culture des agrumes et le maraîchage cumulent l'instabilité des transports et le problème des masses critiques (quantité insuffisante). L'inconsistance du marché intérieur leur interdit d'accéder localement à l'équilibre financier. Ce qui les rend tributaires des marchés extérieurs, très concurrencés, où il faut servir vite aux meilleurs prix. Ce qui est impossible en cas de desserte assurée par le service public, dont les fréquences et les horaires ignorent les impératifs commerciaux, et où les grèves sont cycliques.

Des villes modestes
Les principaux pôles urbains de l'île – Ajaccio, Bastia, Porto-Vecchio et Corte – sont trop modestes pour fonctionner comme des pôles de développement. Seule Ajaccio, capitale administrative, affiche une certaine vitalité démographique. Mais, avec moins de 60 000 habitants à la fin du millénaire, elle reste une ville insignifiante dans le Bassin méditerranéen.

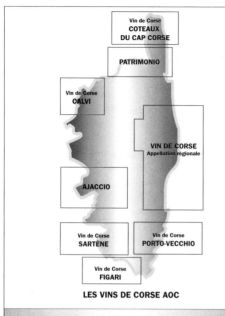

Vin de Corse
**COTEAUX
DU CAP CORSE**

PATRIMONIO

Vin de Corse
CALVI

VIN DE CORSE
Appellation régionale

AJACCIO

Vin de Corse
SARTÈNE

Vin de Corse
PORTO-VECCHIO

Vin de Corse
FIGARI

LES VINS DE CORSE AOC

La route des vins corses
La renaissance de la viticulture, seul fleuron
de l'économie insulaire, date des années 1970-1980.
Elle est consécutive à l'arrivée des rapatriés d'Algérie.
Cette chronologie suffit à montrer l'impact positif
de l'unique apport de technologie et de compétences
enregistré depuis deux siècles.
Mais ce succès s'est cantonné à la filière viticole.

Un développement avorté
Le plan de développement conçu par la Direction de l'aménagement du territoire (Datar) sous la IVᵉ République présentait deux volets, l'un agricole et l'autre touristique. Seul le premier s'est réalisé sous la pression des événements : la nécessité de recaser les rapatriés d'Algérie. Le second a trébuché, victime de l'angoisse fantasmatique de la « baléarisation », c'est-à-dire du surdéveloppement touristique.

Un marché incohérent et insuffisant

Or, ce service public reste incontournable. La desserte d'une île de 260 000 habitants n'intéresse les compagnies privées qu'en tant que concessionnaires du service public, c'est-à-dire sans obligation de résultats.

Insignifiante sur le plan du nombre et mal distribuée sur le plan de la géographie, la population corse ne constitue ni un marché cohérent, ni un marché suffisant. Cela aiguise le problème des masses critiques et en fait l'un des obstacles les plus directs au fonctionnement des filières classiques (agriculture, industrie, artisanat, tourisme) et au développement des filières postindustrielles (scientifiques, technologiques, écologiques).

Le diagnostic de l'économie corse révèle une accumulation de problèmes : organisation difficile des transports, productions trop faibles, marché intérieur inconsistant.

L'isolement : choix ou fatalité ?

L'insularité suscite-t-elle une culture spécifique ? Diverses études réalisées sur des communautés insulaires révèlent des constantes en ce sens.

Empreinte symbolique

Inversant volontiers la préséance, les îles se perçoivent comme des centres et non comme des périphéries. Loin de reconnaître leur marginalité par rapport au continent, elles satellisent le monde autour d'elles, s'inscrivant alors en résistance contre ce contexte qui leur semble exercer une pression. Cette perspective inversée explique la récurrence du thème de l'île assiégée dans la plupart des cultures îliennes, promptes à imputer à des causes extérieures leurs difficultés intérieures. En Corse, même le paysage semble accréditer cette fiction. Quel autre sens donner aux tours de garde qui ceinturent le littoral ?

Pourtant, la confusion extériorité-agressivité résiste mal à l'analyse. Les documents montrent que l'essentiel des violences qui ont troublé l'histoire corse surgissent de contradictions internes à la société. L'impact déstabilisant de la piraterie par exemple a été exagéré, car la cible courante du brigandage maritime n'était pas la population barricadée sur la côte mais les navires exposés en mer.

Même outrance sur l'ampleur de « l'occupation » par les puissances de tutelle, Pise (XIe-XIIIe siècle), Gênes (XIIIe-XVIIIe siècle), Paris (depuis 1769). Leur empreinte est restée symbolique : pas d'administration cohérente, pas de capitale exerçant un véritable rayonnement, pas de gestion globale du territoire visible à travers des travaux structurants.

La « balkanisation » méditerranéenne

L'isolement ne définit pas seulement la Corse en général, mais aussi chacune de ses régions en particulier.
Cette somme d'isolements compose son unité paradoxale et en fait un cas type de la balkanisation* méditerranéenne.
Dans la langue corse, le mot *pieve*, issu du latin *plebs*, « peuple », désigne ces différentes microrégions qui vivaient en autarcie.

HISTOIRE   GÉOGRAPHIE   CULTURE   ÉCONOMIE

La Corse « colonisée »

Les observateurs étrangers sont légitimement surpris lorsqu'on évoque la question corse en termes de colonisation. Mais ce langage surréaliste par rapport à la situation objective est parfaitement audible en France où il est adapté à la vieille « culture coloniale » de la république, largement nourrie par les Corses. Dans le dialogue franco-corse, la rengaine coloniale intervient donc comme une querelle privée, riche de déchirements et de complicité.

Dissensions structurantes

Mais cette mythification des « dangers extérieurs » n'est pas innocente. Elle cherche à renforcer la culture de résistance en présentant comme subi l'isolement voulu. Si l'on ne repère pas ce culte du repliement comme une composante majeure du fonctionnement de l'île, on ne comprend plus le rôle des conflits et des violences permanentes qui est de redoubler l'insularité par l'impénétrabilité.

D'où, malgré les indéniables unités géographique et culturelle de la Corse, cette identité si contrastée. Au-delà des statistiques de criminalité, les différends transparaissent dans la fêlure Nord-Sud, la rupture intérieur-littoral et l'affirmation clanique des prérogatives locales. Ces dissensions altèrent le climat social et anesthésient les échanges économiques. Mais, paradoxalement, elles sont aussi structurantes. L'absence de réseau cohérent de communications, indispensable pour unifier l'île, révèle une société paradoxale : structurée sur ses conflits et ses blocages.

Brouillage idéologique

Ces handicaps s'intègrent à la personnalité de l'île. Dans ce contexte, l'habillage actuel de la fiction des menaces extérieures en « lutte de libération nationale » fournit un discours « moderne » de légitimation d'une culture en perpétuelle résistance. Ce brouillage idéologique facilite les comportements occultes qui prétendent défendre une identité malheureuse et opprimée. Sous ce masque, la clandestinité revêt l'apparence inusable du romantisme protestataire.

La tradition culturelle des îles les incite à se croire victimes de convoitises extérieures. En Corse, aujourd'hui comme hier, cette crainte est purement fictive. Le poids de la métropole reste théorique. Loin d'être intégrée à l'ensemble continental, la Corse est laissée à son désordre et à son morcellement.

Contrastes identitaires

L'inventaire de la littérature consacrée à l'île de Beauté ne révèle pas un constat univoque chez les différents observateurs, écrivains, journalistes, voyageurs.

Le musée de la Corse

Inauguré en 1997 dans le cadre rénové de l'ancienne citadelle de Corte, ce musée apparaît comme un concept novateur. Son parti pris muséographique ne se limite pas à refléter la ruralité défunte à travers le prisme idéalisé de l'ethnographie traditionnelle. Une approche globale et pluridisciplinaire intègre l'évolution générale de l'île, présentant aussi l'ébauche d'industrialisation qui a marqué le XXe siècle et les premiers pas du tourisme. Il en résulte un musée en devenir, d'autant plus attrayant que les expositions temporaires ouvrent de nouvelles perspectives.

Une âme paradoxale

Le peuple corse serait à la fois farouche et chaleureux, méfiant et hospitalier, ouvert et replié. Son respect des traditions et son culte du secret ne donnent pas l'impression d'une terre hostile et fermée.

Certains associent volontiers l'âme corse à une forte imprégnation religieuse, perceptible dans une foi démonstrative, notamment pendant les fêtes pascales où sont organisées de spectaculaires processions du calvaire.

Pourtant, le repli de la pratique religieuse est également indéniable. Le vieillissement du clergé, plus sensible encore que sur le continent, en constitue un signe.

Un cercle d'initiés

Autres caractéristiques de l'âme corse : la cohésion, la solidarité et la convivialité familiale. Loin de se refermer sur elle-même, cette vitalité rayonnante se communique volontiers aux visiteurs, fussent-ils étrangers. D'où le sentiment d'être reçu dans un cercle d'initiés. Mais ces affinités électives dépassent les démonstrations affectives. Elles organisent l'île qu'elles découpent en clans cristallisés autour des familles dominantes. Le visiteur ne découvrira qu'ultérieurement, et le plus souvent à ses dépens, que ces clans si chaleureux et si hospitaliers fonctionnent en fait comme des camps retranchés.

Différence indifférenciée

La dualité de l'île s'affiche aussi dans les contrastes du paysage que le visiteur continental ne tarde pas à découvrir à sa descente de bateau. D'un côté, il éprouve le sentiment d'aborder un rivage lointain,

La tradition religieuse
Les processions du vendredi saint se tiennent dans toute l'île. Elles constituent un exemple frappant de la tradition religieuse démonstrative de la Corse. Cette extériorisation est commune en Méditerranée, notamment pendant les fêtes de Pâques où se déploie une grande ferveur populaire.

différent, étranger. Impression confortée par la sonorité de l'accent local et le recours fréquent à la langue corse. De l'autre, la présence obsédante du graffitisme réduit cet écart et donne un sentiment de déjà vu : comme un parfum de métro ou de banlieue. L'île se trouve ainsi banalisée sous un angle d'autant plus inattendu que ces inscriptions, d'inspiration nationaliste, revendiquent une différence qu'elles aboutissent à gommer.

Immémorialité méditerranéenne

Mais le recensement des ambiguïtés dépasserait les limites de cet ouvrage. Mieux vaut parler de personnalité complexe et de contradictions gérées. On pourrait reprendre ce mot de Jean Racine (1639-1699) dans *Phèdre* (1677) : « *Mon mal vient de plus loin.* » La dualité de l'âme corse plonge dans l'immémorialité méditerranéenne.

Les métaphores antiques font volontiers référence au jeu complexe de l'ombre et de la lumière, du montré et du caché, du réel et de l'apparent. Dans la tragédie grecque, l'intérêt scénique repose sur cet entrelacement des contraires : le destin d'Œdipe, par exemple, s'accomplit à travers les efforts faits pour lui échapper. En voulant tuer l'enfant maudit des dieux, on le sauve. En fuyant Thèbes, Œdipe y revient. En évitant son père et sa mère, il tue l'un et épouse l'autre.

Cette dialectique reste d'actualité : les clans corses se déchirent, comme on peut le lire régulièrement à la une des journaux, mais en obéissant scrupuleusement à un code de l'honneur qui leur interdit de se déchirer.

La Corse est un cas type de la complexité de l'âme méditerranéenne, faite de contrastes violents et changeants. Depuis l'Antiquité, la métaphore de l'ombre et de la lumière, reprise dans la pièce de Racine, *Phèdre*, exprime cette dualité.

La question de la langue

En Corse, la langue et la culture ne se situent pas au-dessus mais au cœur des enjeux politiques, s'intégrant ainsi à la crise comme un catalyseur.

Débat âpre

L'âpreté du débat linguistique surprend d'autant plus que des solutions existent dans d'autres pays d'Europe (tels le Tyrol italien, le Val d'Aoste, les Baléares, le grand-duché de Luxembourg) où des conflits linguistiques ont pu exister.

Constitution bloquée

En Corse, deux obstacles bloquent le dossier. Le premier, franco-français, réside dans la tradition centralisée de la France, traditionnellement « allergique » à la diversité linguistique, identifiée comme un handicap et non comme un atout. Il en résulte une impasse juridique : sans la lourde procédure d'une révision constitutionnelle, la France ne pourrait ratifier la Charte européenne des langues minoritaires.

Or, dans la plupart des pays voisins, la cohabitation de plusieurs idiomes ne trouble ni la communauté nationale, ni l'ordre public.

Une langue à part entière

Les spécialistes ont trouvé à la langue corse suffisamment de correspondances avec d'autres langues romanes que l'italien, et suffisamment de connexions directes avec le latin pour ne pas la réduire au statut de simple dialecte toscan. Pour autant, ce n'est pas une langue isolée. Sa longue cohabitation avec l'italien – qui fut langue officielle jusqu'au Second Empire (1851) – en fait une composante à part entière de la sphère italique.

> ### Les polyphonies
> Contrairement à l'Espagne qui a préservé ses traditions culturelles, comme le montre la vitalité du flamenco par exemple, le centralisme français a déconsidéré les cultures minoritaires.
> La Corse a souffert de ce snobisme, à l'instar de la Bretagne ou de la Provence.
> Aujourd'hui, les polyphonies ancestrales, minutieusement inventoriées, sont de nouveau chantées par les groupes « culturels ».
> Ce patrimoine inspire une nouvelle création qui offre à la tradition poétique insulaire l'occasion d'affirmer sa vitalité.

Érosion démographique

En Gallura (nord de la Sardaigne), quelque 200 000 locuteurs, surnommés *i Corsi* (« les Corses »), pratiquent couramment une langue sœur du parler « sartenais », qui domine en Corse-du-Sud.

La situation est moins brillante dans l'île de Beauté où la pratique de la langue locale s'érode.

Le vieillissement de la population accentue ce mouvement.

Dans les années 1970, on estimait à quelque 70 000 le nombre de personnes susceptibles de tenir une vraie conversation en corse, c'est-à-dire d'exprimer dans cette langue l'ensemble des messages liés aux travaux et aux jours.

Au crépuscule du siècle il n'en reste pas 20 000. Pourtant le corse n'a jamais été aussi présent à l'école et dans les médias.

Assumer la sphère linguistique

Cet affaissement se masque sous le succès de l'expression musicale, notamment des polyphonies ancestrales. Or, la réappropriation de cette culture authentique trop longtemps dévalorisée ne suffit pas pour parler de renaissance. Apparaît alors le deuxième obstacle, corso-corse, qui empêche de poser concrètement, et non idéologiquement, la question de la langue et de la confronter à des expériences réussies de préservation d'un idiome minoritaire.

Le luxembourgeois ou le tyrolien par exemple sont parlés couramment par les populations concernées, bien que ces langues ne soient pas enseignées. Seulement l'enseignement obligatoire de l'allemand dans le Haut-Adige (officiellement d'expression italienne) et dans le grand-duché de Luxembourg (officiellement d'expression française) sauve la langue locale qui appartient à la sphère linguistique germanique.

La Corse, n'assumant pas son appartenance à la sphère italique, ne demande pas l'enseignement de l'italien, se privant ainsi d'une chance unique.

L'enseignement du corse

Le corse est désormais enseigné dans les écoles ; sa présence se renforce dans les médias audiovisuels ; la toponymie locale est respectée. Cependant, cette effervescence ne suffit pas à raviver la pratique quotidienne de la langue dont la résurgence dépend de son implication dans l'économie, et non de considérations administratives, politiques ou culturelles.

La Corse ne pose pas en termes techniques, mais en termes idéologiques, la question de la langue. Héritière d'une double culture de résistance, elle oppose légitimement le corse au français (très dissemblables), mais illégitimement le corse et l'italien qui sont en intercompréhension immédiate.

Le problème
de la desserte

Parmi les problèmes
les plus lancinants,
celui du transport maritime
rappelle son existence
par des grèves cycliques.

La fin
du monopole ?

À la fin du XXᵉ
siècle, la Corse doit
négocier le virage
de la concurrence
imposée par l'Union
européenne.
Cette mutation
intervient
au moment
où l'arrivée de la
navigation rapide
repose le problème
stratégique
du choix entre gros
et petits porteurs.
La cohérence
voudrait qu'on
concentre de gros
porteurs sur une
seule destination.
Mais l'émiettement
des lignes rend
les moyens porteurs
incontournables,
bien qu'ils soient
plus difficiles
à gérer
et à rentabiliser.

Trafic portuaire dispersé

En Corse, les grèves des transports maritimes ne sont
que la partie visible de la désorganisation structurelle
de la desserte de l'île. L'émiettement des sites portuaires
en trois ports principaux – Bastia, Ajaccio et Calvi,
l'Île-Rousse en Balagne – et deux ports secondaires –
Propriano et Porto-Vecchio – révèle une situation d'incohérence. Privée de pôle urbain lourd pour concentrer
les flux, et de réseau autoroutier pour les distribuer,
ces lignes engloutissent des sommes importantes
sans pouvoir surmonter l'anarchie et la dispersion.

Un archipel

La flotte dessert non pas une ou deux destinations
susceptibles de rayonner sur l'ensemble du territoire,
mais un archipel dans lequel chaque port devient
une destination isolée. Même en mer Égée, le service
est plus cohérent : l'émiettement des îles s'organise
en circuit. En réalité, la Corse reste prisonnière
d'une vision artisanale du transport, obsolète depuis
la fin du XIXᵉ siècle. Le triomphe de la vapeur imposait
le développement simultané du rail et de la route
pour créer une dynamique. Le transport maritime perd
alors sa vocation domestique. Il devient une industrie.
Il s'organise en compagnies structurées et en lignes
concentrées et régulières entre des destinations
qui fonctionnent comme des pôles de rayonnement.

Débat franco-français

L'émiettement des transports corses leur interdit
de prendre ce virage industriel, renforçant ainsi le sous-
développement économique. Même dans les années
1960-1970, lorsque la question revient relativement
à l'aérien, on choisit de nouveau la solution du frac-

Le port de Bastia
Situé au nord de la plaine orientale, Bastia jouit d'une situation privilégiée qui en fait le premier port de l'île et la porte naturelle de l'Italie. Actuellement, de nombreux Sardes traversent la Corse pour rentrer en Sardaigne ou se rendre en Toscane, malgré un trajet routier dissuasif.

tionnement en desservant quatre aéroports. À aucun moment la cause du « handicap de l'insularité » n'est identifiée dans le morcellement de l'île, mais seulement dans la « discontinuité territoriale » induite par la mer. Ainsi posée, la question devient un énième débat franco-français. D'autres îles – Malte, Majorque, la Crète, mais aussi Jersey dans la Manche, Madère ou les Canaries dans l'Atlantique – ignorent cette difficulté. Ces îles se constituent en destination unique, sur laquelle le trafic s'intensifie et à partir de laquelle il rayonne.

Fonds de commerce politique

Le contraire le plus frappant peut s'observer avec les Baléares. Alors que l'aéroport de Palma de Majorque a su devenir l'une des premières plate-formes européennes, aucun des quatre aéroports corses n'a pu atteindre une taille suffisante. Sur le plan administratif, l'aérien est resté confiné dans la logique du service public qui n'intègre pas d'objectifs commerciaux. Sur le plan de l'organisation, il demeure une desserte privative, domestique, prisonnière de la vieille vision artisanale, mais aussi de la vieille logique de clans dont il alimente les fonds de commerce politique.

> Les transports maritime et aérien corses se dispersent entre cinq ports et quatre aéroports. D'où un sentiment d'anarchie.
> Loin de fonctionner comme un pôle d'ouverture destiné à accroître le trafic, le transport corse joue comme une clôture et un filtrage.

L'entravement intérieur

La Corse est la seule région de l'Union européenne à ne pas compter un seul kilomètre d'autoroute, et la seule haute montagne à n'être franchie par aucun tunnel.

Restructuration du réseau routier
À l'aube du troisième millénaire, les connexions entre l'aérien, le maritime, la route et le rail deviennent stratégiques. Faute de percevoir cette complémentarité et de repenser la desserte aérienne à partir d'une *restructuration du réseau intérieur*, la Corse s'entrave et s'éparpille. À la fin du siècle, elle ouvre à peine le dossier du contournement des agglomérations qui aurait dû être réglé dans les années 1970.

Torpeur et dangerosité du réseau routier

Malgré le rôle décisif de la vitesse dans la compétitivité économique, la torpeur des liaisons intérieures de la Corse, redoublée par leur dangerosité – comme le montrent les statistiques d'accidents (deux fois supérieures à la moyenne nationale) – n'est toujours pas identifiée comme une cause majeure de sous-développement.

Cette cécité, qui résulte de pesanteurs historiques difficiles à secouer, aggrave l'incohérence de l'île et rend impossible sa gestion comme un seul territoire.

Culture de morcellement

À l'intérieur, faute d'avoir été suffisamment érodée par les glaciers, la montagne n'offre pas de grandes voies naturelles de pénétration. Elle multiplie plutôt les barrières. Orientées est-ouest, les vallées ne communiquent guère. Les deux côtes s'ignorent. Entre la Haute-Corse et la Corse-du-Sud, le point d'abaissement optimal se situe au col de Vizzavona (1 100 m). Cette coupure altère les complémentarités entre les deux départements. Seul le percement d'un tunnel pourrait y remédier. À l'aube du troisième millénaire, le trajet entre Bastia et Ajaccio requiert toujours trois

Viaduc du Vecchio
(Haute-Corse)

heures de route pour 150 km. Une durée qui s'observait sur le continent dans les années 1960.

Ces contraintes géosociologiques ont favorisé une culture du morcellement. Malgré son unité apparente, l'île ne forme toujours pas une entité. Aux anciennes divisions déterminées par le relief se sont substitués cinq « îlots » (Bastia, Ajaccio, Porto-Vecchio, Propriano et la Balagne) que l'on peut clairement identifier grâce aux ports et aux aéroports qui les desservent.

Absence de projet fédérateur

Ce culte du morcellement renforce les réflexes d'isolement. À l'absence de liaison rapide Bastia-Ajaccio répond l'absence d'axe nord-sud Bastia-Bonifacio. La Corse se trouve ainsi privée des flux potentiels entre Livourne (en Italie) et la Sardaigne, alors qu'elle forme un maillon naturel entre ces deux régions. La captation d'une partie du trafic qui transite actuellement par le port de Civitavecchia, près de Rome, représenterait un atout économique considérable pour les deux îles, tout en délestant partiellement la « botte » italienne.

Pourtant aucun schéma fédérateur apte à remodeler le territoire en y dessinant des grands axes n'émerge, ni dans le cadre régional, ni dans le cadre interrégional. Seules les propositions de révision institutionnelle – nouveau statut administratif ou fiscal – retiennent l'attention des élus corses et du gouvernement français.

Rayonnement atténué

Un échec aussi durable sur le plan de l'intégration aux courants économiques s'explique, certes, par les réflexes conservateurs de l'île, mais également par la rigidité du centralisme français. Dans un État hypercentralisé, la rationalisation du territoire s'opère à partir de la capitale érigée en point de convergence. Plus on s'éloigne du centre névralgique, plus le rayonnement s'atténue. La Corse en fournit une illustration extrême, avec son chemin de fer antédiluvien, son anarchie routière et sa gestion éparpillée des flux aériens et maritimes – tout cela fonctionnant comme autant de facteurs de sous-développement.

Villages enclavés
Dans la tradition historique de l'île, non seulement l'aménagement du réseau routier ne présentait pas d'intérêt, mais l'enclavement des villages fournissait une protection naturelle contre les ambitions des envahisseurs. Protection symbolique pourtant, puisque « l'ennemi » était le plus souvent intérieur, comme le montrent les chroniques relatives à la violence civile.

L'archaïsme des infrastructures routières et ferroviaires de la Corse est tel que le seul ouvrage d'art imposant de l'île, le pont du Vecchio près de Corte, date du siècle dernier ! À l'aube du XXIe siècle aucun projet réel de modernisation n'est en chantier.

Une démographie crépusculaire

Depuis le XIXᵉ siècle, la démographie corse ressemble plus à celle du Mezzogiorno* italien et de la Méditerranée pauvre qu'à celle des campagnes françaises.

Désertification rurale

La désertification rurale est beaucoup plus sensible en Corse que dans la Haute-Provence ou les Cévennes. Cette émigration s'est longtemps organisée en filières qui favorisaient l'insertion des « exilés » dans les métropoles d'accueil et dans l'Empire colonial. Jusqu'aux années 1950, le dynamisme démographique de l'île, singulier dans l'ensemble français où le taux des naissances faiblit dès le XIXᵉ siècle, alimentait l'exode rural. Avec les années 1960, cette vitalité s'éteint. Les dernières vagues d'exil tétanisent une population qui ne se renouvelle plus, donnant au XXᵉ siècle finissant un aspect crépusculaire. La Corse demeure l'unique région française et la seule grande île de Méditerranée à ne pas avoir retrouvé sa population du début du siècle. L'île prétendait alors abriter 320 000 habitants. Les études récentes ramènent ce chiffre à 280 000 âmes. Mais à l'orée du troisième millénaire, la démographie stagne toujours à 260 000 habitants, malgré l'apport de l'immigration maghrébine.

Inversion de la pyramide des âges

De surcroît, la répartition spatiale s'est fortement déséquilibrée. Les deux grandes agglomérations – Ajaccio et Bastia – concentrent la moitié des habitants. Le reste se disperse le long du littoral. Seuls les villages situés sur le piémont, à proximité immédiate de la mer, parviennent à garder leurs habitants.

Dans les vallées intérieures, la population devient confidentielle. Souvent, pour conserver l'école, il faut regrouper tous les élèves du canton, contraignant les enfants à des trajets fastidieux. Quant aux cantons excentrés, ils n'ont plus d'école du tout.

Une forte mortalité

Une forte mortalité accentue la pente crépusculaire de la démographie corse. La criminalité, malgré son ampleur, n'est pas seule en cause. Ainsi les accidents automobiles présentent une dangerosité deux fois supérieure à la moyenne nationale. Qu'il s'agisse du sida, du suicide ou des overdoses, la Corse alourdit toujours les statistiques nationales. Enfin, le sous-développement induit des sinistres particuliers, comme la catastrophe du stade de Furiani, et aggrave les catastrophes naturelles telles que les inondations, les incendies ou les avalanches.

La désertification de l'intérieur
À l'intérieur de l'île, la désertification prend un aspect poignant.
Aucun des villages désertés dans les années 1960 n'a été restauré.
Les autres se maintiennent difficilement.
De vastes régions, au total plus de 4 000 km², tombent à une densité voisine de cinq habitants au kilomètre carré.

L'échec de la redynamisation de l'intérieur transparaît nettement à Corte, au cœur de l'île, où l'implantation de l'université n'a pas inversé la tendance. Certes, la création du pôle universitaire a compensé la disparition des casernements – Corte était une ville militaire –, mais sans impulser le développement. À la veille de l'an 2000, près de vingt ans après son ouverture, l'université plafonne toujours à 3 000 étudiants.

Les conditions objectives de l'accueil

Depuis les années 1960, l'inversion progressive de la pyramide des âges sous l'effet conjugué de la dénatalité et du vieillissement s'ajoute au déséquilibre spatial de la démographie.

Cette crise démographique vient de l'impossible conversion de la culture de l'exil (identitaire dans l'île) en culture du retour et de l'accueil pour lesquelles la Corse manque d'outils culturels et de moyens structurels. D'où la confusion entre accueil et hospitalité. L'hospitalité est une valeur ; l'accueil une technologie. L'une relève de la morale ; l'autre de l'économie. Loin de reposer sur la seule convivialité familiale, catégorie subjective par définition, l'accueil exige la gestion libre, décomplexée et concurrencée d'un territoire ouvert sur les courants économiques. Crispée sur sa culture de l'exil, la Corse se situe aux antipodes de cette ouverture.

> La Corse entre dans le XXIe siècle avec moins d'habitants qu'elle n'en avait à son entrée dans le XXe siècle. C'est un cas unique en France et en Europe.

Un tourisme embryonnaire

La réputation de l'île de Beauté, reconnue comme un élément du patrimoine mondial, contraste avec la faiblesse de sa fréquentation touristique.

Encadrement défaillant

À l'aube du XXIe siècle, l'île demeure une destination mineure. Sous l'angle de la montagne, elle est moins fréquentée que les Alpes ou les Pyrénées mais autant que l'Auvergne, l'Ardèche, les Vosges ou le Jura. Sur le plan balnéaire, elle reste loin derrière le Languedoc, la Riviera ou les Baléares, mais également la Normandie, la Bretagne ou le Pays basque.

Pourtant, cette fréquentation confidentielle – moins de deux millions de visiteurs par an à la fin du XXe siècle en intégrant les Corses du continent – est dénoncée comme un « raz de marée » par les détracteurs du tourisme, et ressentie comme telle par la population. À titre de comparaison, les flux touristiques cumulés des Alpes-Maritimes et du Var atteignent quinze millions de visiteurs par an sur une superficie équivalente à celle de la Corse, sans provoquer le sentiment de saturation, malgré la présence de 1,5 million d'habitants permanents.

L'espoir du tourisme vert

L'absence de circuits gérés à partir de stations aptes à rayonner freine l'émergence de « logiques de terroirs ». Allié à une fréquentation insuffisante, ce maillage défaillant explique la stagnation du secteur agricole corse auquel le tourisme devrait fournir un marché de proximité, c'est-à-dire des circuits courts à haute valeur ajoutée. Ces différents obstacles entraînent l'absence d'un véritable tourisme vert pour lequel la Corse présente pourtant, *a priori*, de grandes dispositions.

Perception négative

La perception faussée que les Corses se font de leur tourisme résulte, on l'a vu, d'une tradition insuffisante de l'accueil. La Corse n'a pas disposé à temps, c'est-à-dire avant et après la dernière guerre – au moment de l'instauration des congés payés – d'un lycée hôtelier et de filières d'enseignement supérieur susceptibles de former un encadrement entreprenant et compétent, apte à gérer des flux touristiques. Mais au-delà des problèmes de formation, des flux insignifiants suffisent à embouteiller une île sous-équipée. En l'absence de stations cohérentes (conçues comme des complexes diversifiés, intégrés et performants) susceptibles de servir de moteurs et de pôles de rayonnement, le tourisme se disperse sur un territoire décousu. Le visiteur ne peut ni rester en place, faute de points suffisamment attractifs, ni circuler faute de gestion cohérente des circuits. Inconsistant en terme de fréquentation, vieilli en terme d'organisation, le tourisme corse ne peut fonctionner comme une filière apte à revitaliser un territoire désertifié par le déclin de l'agriculture. Routine et amateurisme empêchent sa diversification, pourtant indispensable à l'heure de la mondialisation. Cette évolution supposerait la multiplication des produits au sein de quelques stations phares. Or, la Corse se rebelle contre les stations, assimilées à des marinas.

Le cadre attire les cadres

D'où l'impossibilité de surmonter la saisonnalité et de cibler plusieurs publics. Destination estivale insignifiante, la Corse loupe aussi le créneau hivernal du troisième âge et le marché de l'événementiel – congrès et festivals – qui meuble le printemps et l'automne. Ce dernier aspect est sans doute le plus pénalisant, car son essor accompagne l'émergence de pôles technologiques et universitaires. Le cadre attire les cadres : cette complémentarité fait du triangle Nice-Cannes-Sophia-Antipolis le principal pôle français du tourisme d'affaires aprèsParis. Un modèle difficile à reproduire dans une île qui y voit plutôt un contre-exemple.

Un tourisme émietté

Le morcellement qui caractérise la Corse ne pouvait manquer d'affecter négativement le tourisme. Loin de s'organiser autour du noyau dur de quelques stations cohérentes, les installations se dispersent le long d'un littoral immense, impossible à coordonner de façon rationnelle.

Avec une fréquentation touristique inférieure à deux millions de visiteurs par an à la fin du XXᵉ siècle (y compris les Corses du continent qui y retournent pour les vacances), l'île de Beauté est une destination insignifiante à l'échelle du tourisme méditerranéen.

Une démocratie contournée

Tensions politiques et folklore électoral sont une constante dans l'histoire de l'île de Beauté.

Scrutins : sincérité altérée

Dès avant l'apparition du suffrage universel, les « consultations » donnaient lieu à une surdramatisation qui altérait la sincérité des scrutins. Selon des sources récentes, il semblerait que le jeune Napoleone Buonaparte (1769-1821) ait dû à la fraude sa première élection en Corse. Ce rapport singulier aux urnes a toujours intrigué les médias, mais il n'est que l'aspect superficiel d'une altération plus profonde de la démocratie. Le trucage le plus déterminant porte sur les chiffres de la population, base incontournable et pourtant contournée, pour établir le nombre réel d'électeurs.

En lisière de la légalité

Malgré deux refontes des listes électorales (1982 et 1991), les chiffres perpétuent des anomalies. Dans les villages de l'intérieur, la « population électorale » dépasse la population Insee, laquelle dépasse la population réelle. La commune type compte une quinzaine de résidants permanents, une quarantaine de résidants « recensés » et une soixantaine d'électeurs. Cette pyramide inversée n'est pas forcément « illégale ». Elle se tient en lisière de la légalité. Ainsi, le recensement établit une sorte de moyenne entre les deux mois d'été où les Corses du continent reviennent en vacances et les dix mois où le village se désertifie. Quant à la population électorale, elle repose sur un autre critère : tout contribuable qui possède un bien familial ou acquis dans une commune peut y être électeur. Ces artifices, qui faussent la perception du territoire et interdisent sa gestion cohérente, ne datent pas d'hier. À la fin du XIXᵉ siècle, Paul Bourde, correspondant du *Temps*, s'émerveillait de la virtuosité des Corses dans la manipulation du suffrage universel et déplorait leur immobilisme économique (les champs étaient tou-

Le statut particulier

Le statut particulier (1982) fut présenté par François Mitterrand comme un changement dans la politique de l'État. Or, il s'agissait de continuité. Sous Gênes, le dossier était déjà traité sous l'angle péri-institutionnel et parafiscal. Napoléon récidive avec les arrêtés Miot. La « zone franche » (1996) du premier gouvernement Chirac retombe dans l'ornière. Cette obstination historique montre combien les décisions nationales épousent les pesanteurs locales.

Visite de Jean-Pierre Chevènement en Corse (Ajaccio, 1997).

> **La classe politique corse**
>
> La classe politique corse apparaît comme la seule classe sociale réellement constituée. Cette disproportion résulte du nombre imposant d'instances représentatives
> – collectivité territoriale, offices, conseils généraux, sociétés consulaires, syndicats intercommunaux, communes – rapporté au petit nombre d'habitants.
> Cette profusion détermine une sociologie particulière qui confère à la classe politique un poids économique déterminant dans la société.

jours labourés avec l'araire antique, comme au temps de Virgile, alors que la charrue à roue s'était généralisée en Europe).

Économie « électorale »

Ce contraste fournit un éclairage sociologique. Il montre que la perversion de la vie politique consiste en une gestion paraéconomique du bulletin de vote. Celui-ci s'érige en valeur d'échange. Il fait l'objet des véritables transactions aux dépens des productions agricoles, artisanales ou industrielles. Le pouvoir remplace les produits comme objet de circulation ! Certes, la confusion pouvoir-affaires se trouve, en tous temps et en tous lieux, au fondement des scandales qui altèrent la vie démocratique. Mais dans les microsociétés méditerranéennes, la corrosion de la citoyenneté est plus forte. Loin de subir la concurrence du secteur économique, le népotisme* politique s'approprie l'ensemble des transactions et parvient à étouffer les règles classiques du marché. Cette dérive, observable en Corse comme en Sicile, caractérise le processus de « mafiosisation ».

> L'altération de la vie démocratique résulte du poids trop lourd de la classe politique dans la société corse.
> Cette fascination pour le pouvoir anesthésie et marginalise les milieux économiques, les maintenant sous tutelle.
> D'où l'étroite parenté entre « népotisme politique » et « dérive mafieuse ».

Un clientélisme installé

Clanisme : le mot revient couramment pour définir les mécanismes de la société insulaire.

Une structure occulte et informelle

Le clan désigne une structure informelle dans laquelle les intérêts politiques, économiques et familiaux se croisent inextricablement. Le pouvoir des clans s'exerce sur des territoires restreints dont la somme ne forme pas une unité. La résistance étonnante de ces conglomérats découle de leur souplesse qui favorise les rapprochements occultes, régis par l'*omerta**. Une société ancrée dans le clanisme* fonctionne comme une machine à neutraliser les contraintes politiques, économiques, sociales et juridiques exercées par l'environnement extérieur.

La première obligation de la société clientéliste consiste à privilégier un système économique étroitement contrôlé par les réseaux périfamiliaux organisés en factions*. Ce népotisme* se perpétue par une gestion conservatrice des flux économiques, maintenus à la lisière du marché, interdits d'intégrer les grands courants d'échange.

Économie vivrière

Les diverses sources de richesses – agriculture, tourisme, artisanat, petite industrie – ne doivent pas quitter l'échelle microéconomique, seule adaptée à une société morcelée. Les différents pôles d'activité fonctionnent comme une économie vivrière, privée de dynamisme propre, soustraite à la logique de marché qui désagrégerait le clan en émancipant ses membres.

Cette anarchie économique maintient les secteurs productifs sous le tir croisé des clans ennemis, empêchant toute complémentarité. Il en résulte une agitation immobile dont les aléas des transports insulaires fournissent une image caricaturale. Ainsi, la route, l'avion, le bateau sont sans effet sur le tourisme, lequel ne soutient pas l'agriculture, laquelle ne favorise

---

Le système clientéliste

Le ressort secret du système clientéliste réside dans une relation personnalisée entre le chef de clan et l'obligé. Leurs rapports ne sont pas vécus dans le cadre administratif, trop impersonnel, mais dans une dimension parallèle, périfamiliale où une convivialité particulière transmue le droit anonyme en faveur réservée à un proche, un parent, un ami. Cette alchimie opère toujours, qu'il s'agisse d'un emploi administratif, d'un RMI, d'un CES (contrat emploi solidarité) ou d'une subvention.

HISTOIRE   GÉOGRAPHIE   CULTURE   ÉCONOM

Un pouvoir « héréditaire »
La forme la plus visible
du clientélisme se manifeste
dans la confusion entre filières
généalogiques et pouvoir politique.
Certes, dans certaines villes
françaises – Toulouse avec Dominique
Baudis, Nice avec Jacques Médecin –
on voit des familles s'enraciner
à l'hôtel de ville. Mais le phénomène
reste mineur, alors qu'il domine la vie
politique corse comme le montre
l'étonnante résistance des dynasties
Zuccarelli, Giacobbi ou de Rocca Serra.

pas l'artisanat, lequel ne réveille pas l'industrie, laquelle ne dope pas le commerce, lequel ne sollicite pas les services, lesquels n'aident pas les pôles technologiques, lesquels ignorent les compétences universitaires...

Jean-Paul de Rocca Serra, député-maire de Porto-Vecchio (Corse-du-Sud), a « régné » pendant un demi-siècle sur la Corse-du-Sud.

Bureaucratie envahissante

Les luttes d'influence focalisent l'énergie des factions. Objet de toutes les convoitises, les institutions qui symbolisent le pouvoir – communes, conseils généraux, assemblée territoriale, chambres professionnelles, instituts consulaires, offices, Sivom (Syndicat intercommunal à vocations multiples) – entrent dans une logique inflationniste qui dote l'île d'une bureaucratie envahissante, conséquence logique de la faiblesse de l'économie. Généralement, un État moderne redistribue entre 35 % et 45 % de la richesse produite par le marché. Ce « prélèvement obligatoire » lui confère son poids économique. En Corse, les besoins s'élèvent à huit milliards de francs : quatre pour les fonctionnaires ; autant pour la solidarité, les transports, l'enseignement, la recherche, la formation professionnelle, l'encadrement de l'économie...

Or, la richesse locale ne dégage que quatre milliards de francs, dont 3,5 pour le tourisme. L'État se substitue donc au marché pour financer l'intendance de l'île. Les clans prospèrent dans cette économie surétatisée, utilisant la manne publique à des fins privées.

> L'économie d'État ne gêne pas le clientélisme, comme le montre l'assistance économique dont bénéficie la Corse. Les clans dotés d'un vieux savoir-faire recyclent aisément les aides sociales. Ils encouragent la suradministration et contrôlent les subventions diverses.

Une criminalité ritualisée

La « citoyenneté familiale » du clientélisme concurrence la citoyenneté républicaine et exacerbe les comportements sociaux.

Honorabilité méditerranéenne

Malgré sa tradition de violence, la Corse n'est pas une société de « non-droit » comme certaines banlieues qui dérivent dans le ghetto. L'honorabilité chère au monde méditerranéen favorise au contraire une notabilité sensible aux apparences formelles.

Loin d'être répudié, l'esprit républicain opère comme une étiquette, un vernis qui dissimule la citoyenneté heurtée du clan. Les institutions légales – préfectures, assemblées, administrations – sont moins contestées que confinées dans un rôle subalterne. Elles ne peuvent ni proposer ni porter un projet structurant et fédérateur à l'échelle de l'île.

Violence infrahistorique

Cette cohabitation savante entre l'officiel et le clandestin caractérise les sociétés régies par le clair-obscur de l'*omerta**. Les antinomies sont gérables. Héritières des temps homériques, les microsociétés méditerranéennes savent concilier leur tissu social rivé aux liens familiaux avec une violence ritualisée sur le mode du déchirement fratricide. D'où le contraste entre une criminalité intense sur le plan statistique – la Corse, la Sicile ou la Calabre comptent parmi les sociétés les plus violentes du monde – et insignifiante en termes de mutations sociologiques. Quelle que soit l'époque, la violence habite l'histoire de la Corse, mais elle ne l'anime pas. Elle s'exerce en amont, dans un sol infrahistorique. Ainsi, malgré la coloration « nationaliste » de la seconde moitié du XXe siècle, les actions imputables à « la guerre civile » (les règlements de compte privés) l'emportent largement sur celles imputables à la « guerre de libération » (les attentats contre les édifices publics).

Une criminalité de ghetto

Avec une moyenne de 16 meurtres pour 100 000 habitants (contre 1 pour 100 000 en Angleterre, par exemple), la Corse affiche une mortalité de ghetto. Sur le plan statistique, elle surpasse Paris et se compare à Naples ou Palerme.

Conservatoire des rapports sociaux

Ce contraste éclaire la fracture entre la culture nord-européenne, dans laquelle la violence s'impose (depuis le triomphe de la philosophie des Lumières) comme le moteur de l'histoire, et la culture méditerranéenne, où elle n'accède pas à cette mise en scène collective qui magnétise les masses, les fond en peuples et les jette dans des conflits colossaux. La Méditerranée fonctionne comme un conservatoire et non comme un laboratoire. Sa fibre n'est ni progressiste ni révolutionnaire. Lorsque, sous le poids des contraintes internationales, il lui faut simuler un comportement collectif, c'est par l'intégrisme qu'elle se sent le moins dérangée.

> **L'Occident, terre de violence**
>
> On s'étonne souvent de la violence qui affecte la Méditerranée en général (Moyen-Orient, Balkans, Sicile, Algérie) et la Corse en particulier.
> Mais jusqu'au milieu du XXe siècle, la violence reste le paramètre central de l'histoire de l'Occident, comme en témoignent les deux conflits mondiaux. Les guerres coloniales, le stalinisme ou l'eugénisme ont perpétué cette barbarie en la modulant au gré des cultures nationales. Les tensions actuelles en Méditerranée s'éclairent donc aussi à partir de ce terreau qui a fait de l'Occident la civilisation la plus meurtrière de la planète.

Clandestinité de droit

L'histoire n'inspire pas cette violence familiale et dépolitisée. Son idéologisation n'est qu'apparente. Depuis le tournant du XVIe siècle, admirablement décrit par l'historien Fernand Braudel (1902-1985), au cours duquel l'Atlantique supplante la Méditerranée comme centre de gravité de l'Occident, la Méditerranée vit l'histoire par procuration, devenant la chambre d'écho d'événements qui la dépassent et dont elle module l'impact en le retraduisant dans ses propres préoccupations.

Cette ruse explique le caractère indéchiffrable des « crises » méditerranéennes. Ainsi, le débat entre la Corse et la France est-il faussé par le langage emprunté à la décolonisation. L'île l'utilise, non pour communiquer, mais pour recouvrir d'un brouillard idéologique ses conflits d'ordre privé. En soi, il n'y a pas de problème corse. La violence méditerranéenne est « légitime ». Elle obéit à des codes ancestraux. La difficulté vient seulement de ménager sa pudeur agressée par la transparence que voudrait imposer l'État de droit.

> Certes, la Corse est traversée de conflits violents et même sanglants, comme le montrent les statistiques de criminalité. Mais cette agitation s'inscrit hors du temps. Elle exprime des dissentiments familiaux immémoriels. Elle n'accepte donc pas d'être jugée à la lumière de l'histoire.

Le poids du système de parenté

Érigée en postulat, la sacralisation des « liens du sang » dote la société corse d'une cohérence informelle, éclatée en familles dominantes. Paradoxalement, la conscience collective trouve son unité dans ce morcellement.

Une tradition méditerranéenne

La Rome impériale s'organisait déjà en vastes réseaux clientélistes, les *familiae*, au sein desquelles s'opérait l'articulation entre plébéiens et patriciens. Le clientélisme facilitait aussi la fusion progressive des populations barbares, admises d'abord comme esclaves. L'affranchissement reliait durablement l'affranchi et sa descendance à l'ancien maître. Ce « clientélisme citoyen » garantissait la pérennité des réseaux familiaux. Dans la sociologie originelle de l'Occident, famille et pouvoir sont indissociables. Le jeu politique fonctionnait comme une gestion élargie des rapports familiaux.

Un champ politique survolté

Lorsqu'il s'érige en idéologie, l'esprit de famille survolte le champ politique et favorise les luttes de clans. Le Mezzogiorno* italien en est un exemple, la crispation de la Corse et sa guerre civile larvée également. Deux séries hétérogènes écrivent l'histoire de l'île. L'une, privée et intérieure, repose sur les recombinaisons douloureuses du tissu familial. Elle anime la criminalité des vendettas*. L'autre série, frontalière et marginale, découle de l'impact sur la Corse des événements généraux.

Stratégie de la résistance éclatée

Face à cette extériorité, l'île ne présente jamais de front uni, faute de former une entité. Elle gère ses rapports externes selon une logique qui conduit chaque clan à cultiver sa propre indépendance. D'où le paradoxe d'une opposition générale mais dispersée.

Cette stratégie de la résistance éclatée est remarquablement payante. L'intrus ne peut s'imposer, faute d'adversaire constitué. Qu'il s'agisse de Pise, de Gênes ou de Versailles, « l'envahisseur » aborde aisément dans l'île – Ponte Novo n'a rien d'une bataille homérique – mais il prend pied sur un terrain mouvant. D'où le rapport équivoque et le dialogue improbable entre l'État étranger et ce peuple hermétique à la transparence des sociétés de droit.

Laboratoire des nouveaux rapports sociaux

Cette clandestinité si pesante dans le paysage politique insulaire s'appuie sur la légitimité sacrée de la famille. L'idée que les liens du sang sont une citoyenneté n'a rien d'étrange. Elle survit en Europe jusqu'en 1914.

Malgré le déclin du système dynastique, les filières généalogiques restaient la colonne vertébrale du pouvoir.

Depuis le XVIIIe siècle, des valeurs abstraites – liberté, égalité, fraternité –, fondées sur la volonté collective, contestent les paramètres biologiques – les liens du sang – comme fondement du pouvoir. Les philosophes des Lumières centrent leur critique de la tyrannie sur l'ambiguïté des liens du sang. Ceux-ci ne reposent pas sur la transcendance qu'ils revendiquent – le droit divin – mais sur la force.

Le système de parenté n'apparaît plus comme une armature apte à soutenir la société et à gérer son évolution. Il tombe lentement en désuétude dans la culture nord-européenne, transformée en *laboratoire* des nouveaux rapports sociaux.

> **Affectivité et citoyenneté**
> Les sociétés tiennent
> par la circulation
> des individus qui contractent
> des alliances interfamiliales ;
> des produits autour desquels
> s'organise le travail ;
> des messages
> – éthiques, pédagogiques,
> religieux, érotiques, agressifs,
> affectifs –
> qui animent la culture ;
> des honneurs qui suscitent
> la compétition
> pour le pouvoir.
> Toute société gère
> des échanges,
> mais aucune ne le fait
> de la même façon.
> Lorsque l'affectivité familiale
> et périfamiliale baigne
> cette circulation,
> il en résulte l'identité
> passionnelle qui caractérise
> la Méditerranée.

Irradiation du *philos* en *philia*

En revanche, le monde méditerranéen reste attaché à la loi du sang. En Corse, sa survie bénéficie du concours de l'isolement : l'annexion française détache l'île de la sphère italique avec laquelle elle se trouvait en symbiose linguistique et culturelle, mais sans constituer une autre ouverture. Au contraire, les échanges économiques, vecteurs privilégiés des mutations culturelles, s'étiolent. Cette marginalisation fait de l'île le *conservatoire* d'une sociologie ancestrale dans laquelle le *philos**, « l'attirance caractéristique du magnétisme familial », s'étoffe en *philia** (« amitié citoyenne »), satellisant ainsi des réseaux de clientèle autour du noyau dur des familles patriciennes (c'est-à-dire des parrains).

Cette irradiation du *philos* en *philia* structure toujours la citoyenneté méditerranéenne. Elle lui confère cette convivialité chaleureuse où le poids des relations affectives reste prédominant, mais également cette suspicion ombrageuse qui rend délicate la gestion des alliances et des amitiés.

> Dans le monde méditerranéen, le poids politique des valeurs familiales perpétue la sacralisation des « liens du sang » qui était au fondement du pouvoir aristocratique et monarchique. En ce sens, la Corse est une société toujours organisée sur des modèles prérévolutionnaires.

Fratellanza et vendetta

La Corse fournit **un exemple éloquent de l'impossibilité pour la citoyenneté familiale d'assurer la paix civile, même à l'échelle d'une microsociété.**

La séduction : un honneur et un risque

La famille méditerranéenne doit s'entrouvrir pour élargir son réseau de clientèle. Son honneur, c'est d'être courtisée. Il lui faut séduire, mais sans risquer sa cohésion et son identité. Ce compromis délicat entre deux exigences opposées repose sur l'intensité du lien affectif qui cimente la famille centrale et ses familles adhérentes. Le *philos** antique – « l'attachement » – se transmue en *philia**, en « amitié citoyenne » dont le mot corse *fratellanza* – « fraternisation » – traduit le magnétisme puissant.

Rigidité morale et flexibilité pratique

Ce rayonnement permet au lien familial d'animer le lien social, mais en suscitant une société du soupçon. L'angoisse de la trahison, qui n'effleure pas les castes, dotées naturellement de frontières hermétiques (par exemple les castes hindoues), obsède la faction* dont les contours imprécis reflètent l'évolution du rapport de forces. D'où le divorce entre la rigidité morale du clan, où les liens du sang sont sanctifiés, et sa flexibilité pratique qui le contraint à une gestion dangereuse des alliances politico-matrimoniales.

En impulsant directement le dynamisme social, les rapports affectifs suscitent une société accueillante et chaleureuse, mais tout autant crispée et ombrageuse. Vivant sur le qui-vive, les clans ourdissent en permanence des stratégies dont la convivialité constitue la face lumineuse ; le meurtre et l'attentat la face obscure.

Mort et clarification

La faction ne peut renier aucun de ses deux visages. Sa politique alterne séduction et intimidation.

Dans la microsociété corse, où chacun ou presque

L'ostentation mortuaire

Dans la tradition poétique corse, la mort d'un être cher donnait lieu à des déplorations – *voceri* – chantées pendant le deuil. L'ostentation mortuaire irrite très tôt la hiérarchie religieuse qui en condamne, dès la période génoise, les aspects les plus démonstratifs, comme l'habitude chez les veuves de se griffer le visage. À l'aube du troisième millénaire, la théâtralisation de la mort reste visible dans l'organisation d'obsèques imposantes, ponctuées de mises en scène paramilitaires lorsque le disparu appartenait à une organisation clandestine.

| HISTOIRE | GÉOGRAPHIE | CULTURE | ÉCONOMI |

se connaît, les situations équivoques sont inévitables. Non seulement les cousinages sont tentaculaires, mais la dualité des liens du sang fragilise les frontières des clans. De surcroît, la *fratellanza* intervient comme une affinité puissante qui peut souder des individus issus de clans opposés.

Lorsque la multiplication des transfuges déstabilise les équilibres, l'assassinat devient inexorable. La mort violente tient une place centrale, culturelle, dans l'histoire des factions corses, mais également dans toutes les sociétés de vendetta*, parce qu'elle force les clarifications. Lorsque la confusion devient outrageante pour les familles, le meurtre fournit l'occasion de vérifier visuellement, pendant les obsèques, le nombre réel des parents, des alliés et des amis que compte la faction. Pendant le cortège funéraire, le clan quitte furtivement l'ombre pour la lumière, afin de faire étalage de sa force.

L'essence de la tragédie

L'ostentation des obsèques, si surprenante pour le visiteur, n'empêche pas le crime de sang d'être vécu comme une tragédie. Il représente même l'élément fatidique par excellence : insupportable par la douleur qu'il inflige à cette société rivée aux valeurs familiales, mais indispensable en raison des mises au point qu'il permet.

La rencontre de l'inassumable et de l'inévitable constitue, depuis Sophocle, l'essence de la tragédie. Cet univers culturel archaïque se perpétue toujours dans le monde clos que forment de nombreux peuples méditerranéens. La Corse en est un exemple remarquable, mais on retrouve le même ancrage dans le Mezzogiorno* italien, en Albanie ou en Kabylie, pour ne citer que les cas les plus frappants.

L'opposition
entre le culte
de la famille
et la gestion
ouverte et offensive
des liens familiaux
explique
le caractère
irrévocable,
au sens du *fatum*
(« destin »)
antique,
des vendettas.
Les migrations
interfamiliales
sont recherchées,
puisqu'elles sont
un signe de force,
mais aussi
redoutées,
puisqu'elles
impliquent
la trahison
et l'arrachement.

Les travestissements de l'*omerta*

Les frictions entre les archaïsmes identitaires et les contraintes de l'État de droit sont délicates mais gérables, comme le montre leur cohabitation en Corse sous trois républiques.

Interface entre le même et l'autre

L'*omerta** (la « loi du silence ») gère les rapports entre l'identité méditerranéenne et la modernité. Idéologie caractéristique des sociétés de vendetta*, elle dispose d'une compétence ancestrale pour concilier l'inconciliable, puisque les mêmes valeurs sacralisent et déchirent les familles.

Cette obligation d'unir le même et son contraire explique la virtuosité de l'*omerta*, son sens du faux-semblant, du masque et de la ruse.

Loi du silence ou clameur ?

Située au carrefour de tensions contradictoires, l'*omerta* ne se cantonne nullement dans le mutisme. Elle fonctionne plutôt comme une clameur. Loin d'être une défense butée et rudimentaire, elle sait connecter le jeu occulte des clans sur la modernité en travestissant la violence archétypale sous l'apparence des discours protestataires.

L'*omerta* peut se définir comme une excellente imitation des idéologies dures. Elle sait légitimer la violence qui habite l'âme corse, tout en voilant la responsabilité du système de parenté.

Cette préservation des tabous familiaux la conduit à parler un tiers langage. Au XIXᵉ siècle, elle utilise la langue exaltée des héros romantiques, hantés par les questions d'honneur. Dans les années 1930, elle pastiche les thèses fascisantes de Charles Maurras (1868-1952). La crise actuelle plagie la phraséologie révolutionnaire de la décolonisation, agrémentée d'intégrisme écologiste.

Une idéologie « impalpable »

L'impalpabilité constitue l'essence de l'idéologie. Ce manque de teneur en réalité lui permet de fonctionner comme outil mis au service de la violence. C'est pourquoi la même religion peut condamner l'esclavage dans l'Antiquité et défendre le servage au Moyen Âge. À l'échelle d'une microsociété, les factions corses prétendument « républicaines », par exemple, ne s'interdisent ni la fraude électorale, ni le népotisme* familial, ni le parasitage des fonds publics.

HISTOIRE | GÉOGRAPHIE | CULTURE | ÉCONOMIE

L'essence de l'idéologie

Ces contorsions rendent plus lisible ce phénomène culturel global qu'est l'idéologie.
Transposée dans le champ restreint des microsociétés méridionales, l'idéologie dévoile
sa vraie nature : l'*omerta* en livre l'essence
dans la mesure où elle s'indexe directement
sur la violence dont elle assure la justification.
Contrairement aux grandes idéologies
qui subliment leurs discours à la mesure
des conflits colossaux qu'elles préparent,
l'*omerta* s'en tient à l'essentiel : justifier
la guerre privée et incessante des clans.
D'où sa dimension caricaturale, perceptible en

> **La « loi du silence »**
> Le mot *omerta*
> (« loi du silence »)
> n'est pas corse mais italien.
> Nous l'utilisons en raison
> de sa généralisation
> dans la langue commune.
> En Corse,
> cette « loi du silence »,
> dont nous soulignons ici
> la paradoxale volubilité,
> se dit *acqua in bocca*,
> « eau à la bouche »,
> car on ne peut à la fois
> boire et parler.

Corse dans l'outrance de la phraséologie protestataire.
Les factions* paramilitaires multiplient les formules
ronflantes et incantatoires qui miment les idéologies
révolutionnaires. Loin de s'égarer dans les dissertations
de salon qui légitiment la guerre par de grands débats
de société, l'*omerta* affiche finalement une sorte
de transparence : elle intervient dans l'urgence, comme
une idéologie de survie.

Espace de guerre

L'illisibilité de la Corse doit beaucoup à ce mélange
hybride de soumission aux valeurs familiales et de culture
républicaine. La Corse ne s'agite pas par besoin ou par
caprice : tel est son destin. La place du village – la *piazza* –
est d'abord un lieu de confrontations. À Rome, c'était
sur l'espace ouvert du *forum* – et non dans le champ clos
du Colisée – que combattaient les gladiateurs.
La vie publique méditerranéenne demeure un espace
de guerre. Les clans pratiquent légitimement une stratégie
de prédation. Loin de gérer les secteurs économiques, politiques et administratifs dans le sens de l'intérêt collectif,
les familles dominantes les dépècent comme des butins.
À charge ensuite, pour l'*omerta*, de multiplier les discours
tonitruants et les conférences de presse clandestines,
afin de rendre ce processus incompréhensible aux yeux
d'un tiers intervenant.

> L'*omerta* intervient
> pour justifier
> l'existence
> de conflits
> interfamiliaux
> violents au sein
> d'une société
> de droit.
> Située au centre
> de tensions
> contradictoires,
> elle ne se limite pas
> à une stratégie
> défensive.
> Elle ajoute
> au mutisme
> l'intoxication,
> non seulement en
> direction de l'État,
> mais aussi des clans
> adverses qu'il faut
> surprendre,
> piéger ou égarer.

L'immobilisme des clans

La Corse ne s'organise pas autour de la circulation des biens, faute de production suffisante, mais autour de la circulation du pouvoir devenu l'unique objet de compétition et d'échanges.

Le dernier pays de l'Est

Dans une île balkanisée* et bureaucratisée, les transactions ne portent pas sur des marchandises, mais sur des fonctions, des charges, des honneurs. Toutes les factions* exigeant leur part, la plus petite région de France est celle qui compte le plus grand nombre d'instances représentatives. Le statut particulier de l'île se superpose aux structures classiques et aux services traditionnels de l'État. D'où une suradministration qui vaut à la Corse son surnom de « dernier pays de l'Est ».

Circuits personnalisés du don et du dû

Cette excroissance marginalise l'économie et encourage la prédation, pour ne pas dire la curée, autour des charges publiques. Loin de jouer un rôle pacifiant, le jeu politique entraîne dans sa dérive les statistiques de criminalité. Déjà, au XIXe siècle, Paul Bourde, correspondant du *Temps*, notait qu'en Corse, depuis l'introduction du suffrage universel, la seule économie florissante était de type électoral. La pauvreté inquiète et agitée des peuples méditerranéens découle largement de cette alliance malheureuse entre l'asthénie économique et la suragitation politique.

Elle contraste avec la sérénité opulente des peuples alpins où la circulation intensive des biens affaiblit la compétition pour le pouvoir.

En Corse, la puissance des réseaux familiaux bloque l'émancipation des circuits économiques. Les obstacles ne viennent pas seulement des organisations clandestines. Les clans officiels, détenteurs du pouvoir légitime, gèrent la Corse de façon notariale, au gré de leurs intérêts partisans. Les règles de l'économie marchande sont bafouées. Les circuits personnalisés du don et du dû, conformes aux valeurs clientélaires, priment sur le droit commun, indifférent par principe à l'identité des acteurs économiques.

Absence de projets fédérateurs

Comme les clientèles antiques, les clans forment des cercles d'obligés. Les adhérents réclament les dons comme des dûs. Ils soutiennent le chef à condition que celui-ci les oblige en accordant à chacun un traitement individualisé. Même les droits ordinaires sont interprétés comme des faveurs par les bénéficiaires soucieux d'être distingués, conformément à la symbolique élective du système clientélaire.

Ce chemin étroit borne le champ d'action de chaque clan et l'érige en chasse gardée. De cette société morcelée ne peut surgir aucun projet fédérateur. La classe politique corse n'affirme jamais de vision à l'échelle de l'île afin de la structurer géographiquement, de l'unifier économiquement et de la pacifier politiquement, car elle ne peut accéder à la perception d'ensemble. La notion de « peuple corse » se confine dans l'incantation culturelle, comme le montre la littérature nationaliste.

La société civile neutralisée

La vie politique se limite à l'entravement mutuel des diverses forces en présence. D'où l'absence d'une logique de territoire susceptible d'organiser l'île en outil économique cohérent. Marginalisée à son tour, la société civile se disperse entre les différentes factions et se trouve neutralisée comme force de proposition. Cette somme d'antagonismes explique le sous-développement de la Corse malgré ses richesses, et lui interdit d'inspirer positivement l'action de l'État.

L'espoir d'une pression extérieure
L'ouverture de la Corse sur l'économie marchande ne pourra résulter que d'une pression extérieure qui percute les factions et impose des flux économiques globaux. Ce type de processus s'est vérifié pour d'autres zones rurales : le désenclavement des hautes vallées alpines, par exemple, a été décidé par l'État et non obtenu par des revendications locales.

° Le clanisme* est préoccupé par le contrôle du pouvoir et non par le développement de l'économie. Le sens de l'innovation, le goût des transactions et de l'ouverture technologique n'entrent pas dans son concept.

L'indifférence de l'État

Déjà sensible sous Gênes, la vacance de l'État aménageur constitue une donnée historique en Corse.

Gestion incohérente

Jusqu'à la décolonisation, l'île était gérée comme une zone rurale traditionnelle, un bassin démographique dans lequel on ponctionnait la main-d'œuvre nécessaire à l'Administration ou à l'Armée. Ainsi, avant la dernière guerre, le secrétariat d'État à la Marine était souvent confié à un Corse chargé de pourvoir en main-d'œuvre les différents arsenaux. Parallèlement, aucun correctif n'intervient en terme d'aménagement du territoire. Depuis le chemin de fer projeté sous le Second Empire, commencé en 1879 et terminé en 1935, l'île n'a plus connu de travaux d'envergure. Pire, au lendemain de la guerre, la voie ferrée la plus prometteuse, celle de la plaine orientale, est abandonnée sans qu'on recalibre la route en conséquence. En 1960, l'État installe d'un coup plus de 15 000 rapatriés d'Algérie dans ce *no man's land*. Une incohérence d'autant plus sidérante que l'insularité redouble les handicaps par rapport aux zones rurales classiques. À l'aube du troisième millénaire rien ne change. Il n'y a toujours pas de politique nationale en Corse, sauf à considérer que la solidarité nationale – manne que les factions* locales recyclent auprès de leurs clientèles respectives – en tient lieu.

Complémentarités eurorégionales

Elles sont le gisement économique le moins exploité du Vieux Continent, car le dernier en date. Avant les progrès de l'intégration européenne, ces complémentarités étaient combattues par les logiques d'État qui multipliaient les « lignes Maginot » pour séparer par la force des régions rapprochées par la géographie. D'où le contraste entre l'asthénie économique de la Corse par exemple, qui ne communique guère avec ses voisins toscans et sardes, et l'essor du Tyrol, largement ouvert entre l'Autriche et l'Italie.

| HISTOIRE | GÉOGRAPHIE | CULTURE | ÉCONOMI |

L'État associé au système clientéliste

Aussi, dans l'inconscient collectif insulaire, perdure
la vision d'un État étroitement associé au système
clientéliste et dispensant par son biais pensions, sub-
ventions, pouvoir et honneurs. Le vrai visage de l'État
– celui qui aménage la circulation des hommes,
des biens et des idées – n'a jamais été expérimenté.
L'aptitude à coordonner le territoire en créant
des points de jonction entre la route, le rail et l'aérien,
en connectant les bassins d'emploi, les sites universitaires, les pôles technologiques, les inforoutes,
les centres touristiques et culturels, bref, la mise
en œuvre de synergies globales, tout cela reste inimagi-
nable en Corse.

Inégalités régionales et différentiel économique

À l'inverse, la présence de l'État apparaît nettement
dans les Alpes du Nord par exemple, créées étatique-
ment comme paysage économique. Un programme
ambitieux d'aménagement leur a donné une cohérence
et un dessein. Depuis l'organisation, en 1924, des premiers jeux Olympiques d'hiver à Chamonix, l'espace
est optimisé. L'industrie s'installe, l'agriculture résiste
et le fabuleux gisement du temps libre dû aux congés
payés est remarquablement synchronisé avec les atouts
naturels et culturels du pays savoyard. À cette condition, l'identité devient une valeur ajoutée et non
un obstacle.

Alors
que se manifeste
ailleurs,
dans les Alpes
par exemple,
le rôle de l'État
aménageur,
facilitant
la circulation
des idées,
des produits
et des hommes,
le poids
anachronique
d'un État
centralo-clientéliste
caractérise toujours
la Corse.

L'impasse nationaliste

À l'indifférence historique de l'État s'ajoute l'impasse récente dans laquelle s'est fourvoyée la revendication insulaire.

Une vraie fausse famille politique
Le nationalisme se présente d'emblée comme une vraie fausse famille politique. Deux courants le traversent dès la fin des années soixante. L'un vient de l'activisme d'extrême droite. Ces déçus du nationalisme français réinvestissent leur amertume dans le nationalisme corse. L'autre vient du courant gauchiste, dopé par la contestation de Mai 68. Leur synthèse aboutira, en 1976, à la création du FLNC dont l'unité factice durera quatorze ans.

Le choc d'Aléria

Le 21 août 1975, au sud de Bastia, un commando conduit par le docteur Edmond Simeoni occupe la cave viticole d'un rapatrié d'Algérie afin de protester contre le scandale des vins frelatés. Deux membres des forces de l'ordre sont tués. Ce sont les « événements » d'Aléria qui officialisent le tournant politique amorcé en Corse depuis la fin de la guerre d'Algérie.

Une minorité d'insulaires, mais jeunes, actifs, cultivés, se reconnaît dans la sensibilité « régionaliste ». La création, en 1976, du Front de libération nationale de la Corse (FLNC) radicalise le mouvement en revendiquant l'étiquette « nationaliste ».

Références « tiers-mondistes »

À l'orée du IIIe millénaire, alors que les vieilles nations européennes cautérisent leurs déchirures, causes de deux guerres mondiales, alors que la résurgence des nationalismes en Bosnie-Herzégovine apparaît barbare et anachronique, l'affirmation réitérée d'un « nationalisme corse » laisse l'opinion perplexe.

Si la volonté de protéger les sites et de défendre l'identité suscite la sympathie, le lien n'apparaît pas avec la lutte « anticoloniale », les conférences de presse clandestines, les démonstrations paramilitaires et moins encore avec les règlements de comptes internes aux factions*. Pourtant, les nationalistes s'obstinent « légitimement » dans leurs références « tiers-mondistes ».

On chercherait en vain à la violence

HISTOIRE   GÉOGRAPHIE   CULTURE   ÉCONOM

un discours de substitution. Si la classe politique française, au Front national près, a résolument tourné la page coloniale (conclue sans panache par le drame algérien), la Corse en reste intellectuellement prisonnière.

Culture coloniale

Dans l'inconscient collectif, l'apogée de l'Empire colonial français symbolise toujours la période faste du mariage entre l'île et le continent, alors que la décolonisation a été vécue comme un psychodrame. De 1958 à 1961, la Corse est le département métropolitain le plus engagé dans la cause de l'Algérie française.

Ce « réflexe colonial » résume la culture politique de l'île de Beauté. Chaque fois que le malaise corse tente de se formuler, ce schéma parasite les discours. D'où la perplexité des gouvernements et l'échec des thérapies péri-institutionnelles ou parafiscales successives, toujours modelées sur des schémas néocoloniaux, inadaptés à la situation.

Une vraie fausse crise

L'impasse nationaliste est significative de l'obstination de l'île à fuir la langue économique, seule pertinente pour exprimer ses difficultés. Cela amène à s'interroger sur la nature de la crise qui affecte la Corse. Seule région de l'Union européenne à ne pas compter un kilomètre d'autoroute ; la seule dont les reliefs impressionnants ne sont franchis par aucun tunnel, elle ne semble pas souffrir de cette géographie cloisonnée qui interdit tout projet de développement ; elle ne revendique pas son alignement sur le droit commun européen.

Il n'y a donc pas de « problème corse », au sens où on l'entend en Lorraine, par exemple, après la fermeture des aciéries. L'obstination de l'île à décrire ses difficultés sous l'angle d'une colonisation fictive révèle, *a contrario*, une société parfaitement structurée dans sa violence. Loin d'être une communauté en crise qui frappe à la porte du troisième millénaire, la Corse reste une vieille société méditerranéenne, un peuple vestige barricadé dans la légitimité de son système factieux et de ses vendettas*.

L'obsession du pouvoir
L'échec du nationalisme repose sur des pesanteurs culturelles qui polarisent la vie politique sur les enjeux de pouvoir aux dépens de la gestion du territoire. Les sociétés de clans n'administrent pas une géographie mais une sociologie. Elles gèrent un espace affectif, un territoire mental. Cette distorsion joue un rôle stratégique dans la survie du système clientélaire.

Les Corses se sont fortement impliqués dans la constitution de l'Empire colonial français. L'île a ainsi hérité d'une culture nationaliste qu'elle réinvestit dans sa propre tradition de violence. Cette démarche artificielle explique l'impasse et les dérives de la revendication actuelle.

L'aléatoire « rétablissement » de l'État de droit

Le XXe siècle corse s'achève sur une tragédie politique – l'assassinat du préfet Érignac – et un drame folklorique – l'incarcération du préfet Bonnet. Deux événements qui montrent la difficulté de « rétablir » l'État de droit.

Constat
La violence civile entre factions familiales a été si intense sur le Vieux Continent qu'elle a inspiré, de *Roméo et Juliette* au *Comte de Monte-Cristo* en passant par *Le Prince*, *Le Léviathan* ou *Le Cid*, maintes réflexions philosophiques et littéraires. L'Europe atlantique a tourné cette page, mais plusieurs régions méditerranéennes s'y attardent, dont la Corse que son isolement a soustraite à l'industrialisation et au tourisme. Lui manquent ainsi les bases de la citoyenneté moderne dans laquelle l'échange économique prime la confrontation politique.

Rétablir ou instaurer l'État de droit ?

Pourtant, les pouvoirs publics traitent la question de l'*État de droit* en termes de *restauration* et non d'*instauration*, préférant le processus répressif à l'ouverture économique qui pacifie les communautés balkanisées* en les insérant dans des courants d'affaires. En fait, le lien crucial entre *irrigation* et *pacification* reste abstrait. La vascularisation du continent s'est opérée sur deux siècles, empiriquement. L'intensification des flux commerciaux a progressé avec le rail, la route, l'aérien, solidarisant peu à peu les populations, réduisant lentement les conflits de pouvoir aux limites du débat démocratique. À la fin du XXe siècle, l'opinion nationale croit ce maillage achevé et ne le ressent plus comme un besoin, même si la Corse en est écartée. Cette impression se manifeste à plusieurs niveaux. Ainsi, jusqu'aux années 1960, une station de ski devait vanter son téléphérique, symbole de modernité ; aujourd'hui, le marketing valorise les fermes-auberges, l'esprit de village, l'authenticité. Certes, la télécabine reste et s'améliore – qui pourrait s'en passer ? – mais, repeinte aux couleurs de la forêt, elle se fond dans le paysage. Lorsqu'on incite la Corse à prendre modèle sur le Tyrol ou les Dolomites, deux paisibles paradis du tourisme vert, on oublie que ces régions montagneuses seraient désertes et chaotiques si elles n'étaient pas desservies et équipées.

Le sous-développement : une « chance » ?

Les anathèmes actuels contre le « tout-équipement » laissent penser que le fait de ne posséder ni tunnels, ni téléphériques, ni autoroutes, ni TGV, ni grand terminal portuaire ou aérien, ni vraie salle de spectacle, ni vrai stade,

HISTOIRE | GÉOGRAPHIE | CULTURE | ÉCONO

ni vrai port de plaisance, ni promenade des Anglais, ni palais des Festivals, constitue la vraie « chance » de la Corse. L'assimilation simpliste

entre équipements et dégradation de l'environnement gèle toute initiative. Ainsi, la Corse n'a jamais demandé la construction d'un stade moderne, la catastrophe de Furiani en est la facture. Ce maintien de l'île de Beauté en marge des standards de développement conforte la clandestinité et non l'État de droit. Entre deux règlements de comptes, les différents FLNC redorent vite leur blason en s'attaquant aux résidences secondaires, aux villages de vacances ou aux ports de plaisance. L'intégrisme écologiste gagne aussi quelques hauts fonctionnaires en mal d'exotisme qui s'agacent des rares constructions édifiées sur le littoral le plus désert d'Europe (moins de 200 000 habitants pour 1 000 km de côtes). Au printemps 1999, la retentissante affaire des paillotes incendiées par des gendarmes déguisés en « clandestins » illustre ce dangereux snobisme. Depuis la Libération, cinquante ans de gestion chaotique et d'immobilisme économique ont transformé l'État de droit en chimère : l'assassinat du préfet Érignac et l'incarcération du préfet Bonnet soldent le XXe siècle sur un bilan sombre et douloureux.

La question de l'*État de droit* est complexe, puisque l'organisation du territoire corse (transports intérieurs, desserte extérieure, viabilité des entreprises, ouverture sur les marchés, connexion sur les réseaux, accès à la formation) ne correspond pas aux normes contemporaines. Dès lors, la résorption des dérives ne peut se limiter à restaurer un État de droit abstrait, la vraie question porte sur l'instauration concrète des conditions de la citoyenneté.

Glossaire

Balkanisation :
géographiquement,
les Balkans représentent
l'ancienne république de
Yougoslavie. L'étymologie
vient du turc *balkan*,
« montagne escarpée ».
Au sens figuré,
« balkanisation » désigne
le morcellement politique
d'une région, d'un pays,
d'un empire.

Clanisme : dans la société
méditerranéenne, la vie
familiale ne se limite pas
au périmètre privé.
Elle déborde sur la sphère
publique, politique, sociale,
économique, culturelle.
Plusieurs familles apparentées
sont ainsi amenées
à se constituer en clan.

Faction : lorsque
le clan familial prend
une importance politique
suffisante pour contrôler
et défendre une fraction
de pouvoir, il devient
une faction.

Mezzogiorno : en Italie,
on appelle Mezzogiorno
la partie de la péninsule
qui s'étend au sud de Rome
et va jusqu'en Calabre
et en Sicile.
Cette Italie sous-développée
contraste fortement avec la
riche plaine du Pô.

Népotisme : forme
de favoritisme.
En Méditerranée, il s'exerce
à l'intérieur d'un clan
familial dont il tend
à conforter le pouvoir.

Omerta : les sociétés de clan
cherchent à court-circuiter
la justice officielle
dans le règlement de leurs
différends. Aussi respectent-
elles une sorte de « loi du
silence », appelée *omerta*
en Sicile. Mais il s'agit d'un
silence partiel qui favorise
la propagation de rumeurs.
L'*omerta* fonctionne ainsi
comme un brouillage
idéologique.

Philia : chez les Grecs
anciens, la *philia*, « l'amitié »,
revêtait une dimension
citoyenne. Les individus se
regroupaient par affinités,
contribuant à donner
une dimension affective
à la vie politique.

Philos : chez les Grecs, *philos*
(« l'amour ») désignait
l'attirance affective, plus
forte et plus générale
que l'attrait sexuel (*eros*).
Cette étymologie se retrouve
dans de nombreux termes :
le cinéphile aime
le cinéma ; le philosophe
la sagesse ;
le philanthrope
ses semblables...

Vendetta : signifie vengeance.
On retrouve la même racine
dans le mot français vindicte.
Dans un sens élargi,
la vendetta caractérise les
sociétés dans lesquelles les
vengeances interfamiliales
se perpétuent sur plusieurs
générations, devenant ainsi
des inimitiés héréditaires.

Bibliographie

ALBITRECCIA
(Antoine),
*Le Plan Terrier de la
Corse au XVIIIᵉ siècle,*
PUF, 1942.

ANTONETTI (Pierre),
Histoire de la Corse,
Robert Laffont, 1979.

ARRIGHI (Paul),
(sous la direction de),
Histoire de la Corse,
Privat, 1971.

BOURDE (Paul),
*En Corse, l'esprit de
clan, les mœurs poli-
tiques, les vendettas, le
banditisme,*

(introduction G.
Ravis-Giordani),
J. Laffitte, 1983.

BOSWEL (James),
*An account of Corsica,
the journal of a tour to
that island and
memoirs of Pascal Paoli,*
Londres, 1768.

BUONAROTTI
(Philippe),
*La Conjuration
de Corse,*
texte établi par Jean
Crozier,
éditions Centofanti,
1997.

BRIQUET (Jean-Louis),
*La Tradition en mouve-
ment, clientélisme
et politique en Corse,*
Belin, 1997.

CARATINI (Roger),
Histoire de la Corse,
Bordas, 1981.

CARRINGTON
(Dorothy),
La Corse, île de granit,
Arthaud, 1980.

CARRINGTON
(Dorothy),
*La Constitution de
Pascal Paoli,*
La Marge éditions,
1996.

CASANOVA (Antoine),
*Identité corse, ouillage
et Révolution française,*
éditions du Comité
des travaux historiques
et scientifiques, 1996.

CESARINI-DASSO
(Marie-Josée),
*L'Univers criminel
féminin en Corse à la
fin du XVIIIᵉ siècle,*
éditions Albiana,
1996.

CULIOLI (Gabriel-
Xavier),
La Terre des seigneurs,
DCL, 1986.

EMMANUELLI (René), *L'Équivoque de Corse*, La Marge éditions, 1989.

GIL (José), *La Corse entre la liberté et la terreur*, Éditions de La Différence, 1984.

GIUDICI (Nicolas), *Le Crépuscule des Corses, clientélisme, identité et vendetta*, Grasset, 1997.

GRAZIANI (Marie-Antoine), *La Corse génoise, économie, société, culture*, éditions Alain Piazzola, 1997.

JEHASSE (Olivier), *Corsica Classica, la Corse dans les textes antiques*,

La Marge éditions, 1986.

MEISTERSHEIM (Anne), *Territoire et insularité, le cas de la Corse*, Publisud, 1991.

MULTEDO (Rochu), *Le Mazzerisme et le folklore magique de la Corse*, Cervione, 1974.

POGGIOLI (Pierre), *Journal de bord d'un nationaliste corse*, éditions de L'Aube, 1996.

POMPONI (Francis), *Histoire de la Corse*, Hachette, 1980.

POMPONI (Francis), *À la recherche d'un « invariant »*

historique : la structure clanique dans la société corse, Pieve et paesi, CNRS, 1978.

RAVIS-GIORDANI (Georges) (sous la direction de), *Corse*, éditions Bonneton, 1992.

RAVIS-GIORDANI (Georges) (sous la direction de), *L'Île-famille*, Études corses, 1994.

RENUCCI (Jeanine), *La Corse*, PUF, coll. « Que sais-je? », 1982

ROVERE (Ange), *La Révolution française en Corse*,

(en collaboration avec Antoine Casanova), Privat, 1989.

SILVANI (Paul), *Corse des années ardentes*, Paris, Albatros, 1976.

SIMEONI (Edmond), *Corse, la volonté d'être*, Albiana, 1995.

VERGE-FRANCHESCHI (Roger), *Histoire de la Corse, le pays de la grandeur*, Éditions du Félin, 1996.

WILSON (Stephen), *Vendetta et banditisme en Corse au XIXᵉ siècle*, éditions Albiana, 1996.

Index

Le numéro de renvoi correspond à la double page.

Responsable éditorial
Bernard Garaude
Directeur de collection – Édition
Dominique Auzel
Secrétariat d'édition
Anne Vila
Correction – révision
Jacques Devert
Iconographie
Sandrine Battle
Conception graphique
Bruno Douin
Maquette–Couverture
Isocele
Fabrication
Isabelle Gaudon, Aurore Cesses
Crédits photos
Sygma : pp. 3, 12, 14, 25, 32 , 39,
45, 54, 58
B. Guillemard : pp. 7, 8, 18, 22-23,
Roger-Viollet : p. 10
C. Andreani : pp. 31, 36

© 1999 Éditions MILAN
300, rue Léon-Joulin,
31101 Toulouse Cedex 1 France

Aubin Imprimeur, 86240 Ligugé. — D.L. juillet 2001. — Impr. P 61980